대한민국 유머 강사 1호 김진배의

살맛 나는 유머

대한민국 유머 강사 1호
김진배의

김진배 지음 | 강일구 그림

나무생각

유머는 힘이 세다

'핑크색 넥타이를 매볼까? 아냐, 너무 튀겠지?'

'축의금을 얼마나 내야 하나…… 3만 원? 아냐, 짠돌이라고 욕할지도 몰라. 부담은 좀 되지만 그냥 십만 원 질러버려?'

우리는 오랫동안 남의 눈을 의식하며 살아왔다.

한국 사회에서는 유달리 신경 쓸 게 많다. 체면도 차려야 하고, 남의 눈도 의식해야 하고, 자연히 실질보다 형식이 발달하여 이중인격이 형성되었다. 이렇게 우리는 남을 의식하는 눈은 발달했지만 정작 자신을 돌보는 눈은 빵점이 되었다. 남을 배려하고 관찰하는 데 신경 쓰느라 막상 자신을 배려하고 살펴보는 데 등한시한 결과 부족한 것은 여유와 해학과 웃음이요, 넘쳐나는 건 긴장과 스트레스, 만성피로뿐이다.

내 인생도 마찬가지였다.

학창시절에는 세상의 이목에 휩쓸려 대학을 정했고 남들이 더 알아주는 전공을 택하고 더 유망한 직장을 얻기 위해 애썼다. 그런데 그렇게 살다 보니 사는 게 영 재미가 없었다. 곧 싫증과 갈등이 생겨났고 머릿속은 의문으로 가득 찼다.

'왜 이렇게 세상이 재미가 없지?'

'내가 선택한 직장인데 왜 만족스럽지 못할까?'

생각해 보니 내가 했던 공부나 내가 선택한 직장은 진정으로 내가 하고 싶었던 일이 아니었다. 그래서 재미없고 피곤했던 것이다.

왜 나는 그동안 한 번도 나에게 묻지 않았던가. 무엇을 하고 싶으냐고. 중요한 건 공부든 직장생활이든 사업이든 일단 재미가 있어야 한다. 신바람이 나야 한다.

"당신은 지금 하고 있는 일이 신나고 재미있습니까?"

바로 이것이 21세기에 가장 중요한 화두로 떠오르는 '유머 경영'이다. 인생도 유머 경영을 해야 한다.

기본적으로 하고 싶은 일을 해야 한다. 내가 하고 싶은 것과 일 사이가 가까울수록, 인생이 재미가 있고 낙천적이면서 즐거운 유머형 인간이 될 수 있다. 출근부터 퇴근까지의 시간을 월급 때문에 억지로 때우는 게 아니라 유머와 웃음이 넘쳐 시간이 총알같이 흘러야 한다.

항상 즐거울 것 같은 개그맨들도 무대 뒤에서는 고통을 호소한다. 그러니 우리 스스로 지금 일하고 있는 바로 이 장소를 즐거운 곳, 신나는 곳으로 만들어야 한다. 그러기 위해 무엇보다 필요한 것이 유머와 웃음이다.

힘들고 괴로울 때 유머와 웃음은 나에게 위안을 주었고 힘을 주었다. 경제적 풍요와 정신적 만족감도 함께 가져다주었다. 나는 이 책을 통해 일과 삶에서 모두 성공한 사람들이 어떻게 유머와 웃음을 통해 그들의 삶을 풍요롭게 만들었는지 보여주고 싶다.

만약 신이 나에게 하루 동안 초능력을 준다면 오전에는 이 책 읽는 모든 분들의 일터를 즐거움이 가득 찬 곳으로 만들고, 오후에는 그분들의 가정을 웃음꽃 만발한 곳으로 만드는 데 쓰고 싶다.

유머와 웃음이 없다면 세상이 얼마나 어두울까?

유머야말로 세상을 살아가는 데 가장 강력하고 쓸모 있는 무기임을 새삼 알려주고 싶다. 살아오며 나와 함께 유머와 웃음을 나눈 청중들, 독자들, 가족들, 친구들 그 모든 분들에게 감사한다. 내가 원고를 넘기면 마술을 부린 듯 항상 멋진 책으로 만들어주는 나무생각 식구들에게도 감사의 마음을 전한다.

2장 : 위기 경영   유머는 위기를 두려워하지 않는다

유머와 웃음으로
인생을 단련시켜라

학생 시절 내 삶의 대부분은 가난이란 놈과 밀접하게 연관되어 있었다. 공부, 책, 연애, 친구, 미팅, 과외, 독서실, 학원수강, 점심 밥까지도 돈 없이는 그 어느 것 하나 가까이할 수 없었다. 그래서 가난이라면 아주 진절머리가 났다.

'아, 나도 친구처럼 나만의 공부방이 있다면!'

'나도 매일 돈가스, 자장면을 사먹을 수 있다면!'

가난에 시달리다 보니 열등감이 생겨 매사에 움츠러들었다.

20대 초반의 어느 날이었다. 그날따라 술 한잔이 몹시 땡겨 동네 포장마차에 갔다. 문밖 10미터 전방에서부터 코를 자극하는 이 냄새의 정체는? 지글지글 노릇노릇 익어가는 꼼장어였다. 먹고 싶은 마음은 굴뚝 같았지만 내 주머니 사정은 뻔했다. 비싼 꼼장어를 애써 외면하고 차선책인 닭발로 대체했어도 돈은 부족했다. 할 수 없이 슬슬 잔머리를 굴렸다.

"아줌마, 닭발하고 소주 반 병만 주세요."

"반 병은 안 팔아요."

"에이~ 아줌마, 반 병만 먹을게요. 그 대신 딱 세 잔만 마실게요(소주 반 병은 정확히 석 잔 반이다)."

"뭐야? 안 된다니까 왜 XXXX!"

그날 밤의 '소주 반 병 사건'을 나는 지금도 잊을 수가 없다.

나는 평생 가난을 부끄러워했다. 그런데 지금 생각해 보니 가난이 반드시 손해만은 아니었다. 오히려 가난이 현재의 나에게 큰 도움을 준 걸 생각하면 신통방통하다. '젊어서 고생은 사서도 한다'는 말이 절로 실감 난다. 젊어서 했던 고생들은 나의 후반부 인생에 엄청나게 큰 도움을 주고 있기 때문이다.

강의를 하다 보면 장거리 운전을 많이 하게 된다. 여름에는 그늘에 차를 세워놓고 살랑거리는 바람을 느끼며 쉬고, 겨울에는 햇볕에 세워놓으면 자동적으로 천연 웰빙 태양열 보일러가 작동되어 쾌적하기 이를 데 없다. 내 차야말로 간섭하는 이 아무도 없는 멋진 마이 룸, 마이 하우스다. 차 안에서 자는 잠은 그야말로 꿀처럼 달콤하다. 어렸을 때부터 소원하던 '내 방의 꿈'이 결국 이루어진 것이다.

지방에 강의를 나가 종종 시장통의 허름한 식당에서 밥을 먹어도 나에게는 너무 맛이 있다. 워낙 가난하게 자라서인지 허술한 시골 장터 국밥도 내게는 꿀맛이다. 하기사, 맛이 없어도 상관없다. 배고팠던 옛날에 비하면 이렇게 배불리 먹는 게 어디랴.

한 해 한 해 살림이 나아지는 것을 체감하는 것도 아주 신나는 일이다. 어느 날 아침이었다. 화장실을 쓰려니, 안방과 거실에 있는 화장실 둘 다 사용 중이었다. '누구야? 빨리 안 나오고…….' 조바심을 내다 옛 생각이 나서 빙그레 웃었다.

어린 시절 우리 동네에서는 십여 세대가 공중변소 달랑 한 칸을 이용했다. 아침마다 각종 신문지, 달력을 구겨가며 줄을 선 모습이란! 서서 신문 보는 아저씨, "에헴, 에헴" 연신 헛기침을 해대는 할아버지, 빨리 안 나온다고 닥달하는 아주머니, 배를 움켜쥐고 다리를 배배 꼰 여학생……. 생각만 해도 웃음이 절로 난다. 우리는 그렇게 살았다.

지금은 우리 집에 화장실이 두 개이니까 당시보다 세대 당 20배나 많은 공간을 확보한 셈이다. 시설은 또 어떤가? 향의 차이, 조명의 차이, 청결의 차이를 생각하면 지금의 이 현실이 그저 짜릿짜릿하게 고마울 따름이다. 가난을 경험해 보지 못한 우리 딸은 이 기분 좋은 현실을 알기나 할까?

게다가 나에게 옛 가난은 번데기에서 뽑아져 나오는 명주실처럼 무궁무진한 강의 소재들이 되어준다. 가난해서 배고팠던 일, 한 시간을 걸어서 학교 다녔던 일 등등 가난과 관련된 것이라면 12시간 내내 강의를 해도 시간이 부족할 지경이다. 가난했던 시절을 보내고 이제는 잘 산다고 해야 강의가 되지 '저는요, 어릴 적에도 잘 살았고 지금도 일관성 있게 쭈욱~ 잘 살거든요' 한다면 도대체 무슨 흥미와 감동이 있겠느냐 말이다.

내 가난의 1차적 원인은 아버지가 안 계셨다는 것이었다. 더구나 나에게 장래 어떤 사람으로 성장해야 할지를 보여주는 훌륭한 역할 모델이 없었다. 사춘기 시절에 나는 이 문제로 많은 혼란을 겪었다. 그러나 나는 유머형 인간인지라 이내 긍정적으로 마음먹기로 했다. 아버지가 안 계시면 어떠랴?

대신, 세상의 위대한 분을 내 아버지로 삼기로 했다.

'세종대왕 님, 당신을 내 정신적 아버지로 임명합니다!'

그날부터 내 마음속에는 세종대왕이 내 아버지가 되어 주셨다.

너무나 멋진 아버지 아닌가?

한글 창제, 문화짱!

북방 개척, 대마도 정벌, 군사짱!

측우기 발명, 과학짱!

노비 사랑, 백성 사랑, 인권짱!

우와, 신난다. 우리 아버지보다 더 멋진 분 있으면 어디 나와 보라고 해.

그 후, 책을 좋아하고 글을 쓰게 되면서 나는 다시 글아버지도 임명했다.

'황석영, 조정래, 이문열, 김주영, 당신들을 내 글아버지로 임명합니다.'

강사가 되면서 말아버지도 임명했다.

'김동길, 천세욱, 정태기, 김양호, 김중기, 민경배, 이상헌, 당신들을 내 말아버지로 임명합니다.'

아버지가 안 계셨지만 나를 낳아준 아버지를 위시해 수많은 마음의 아버지를 둔 나는 세상에서 제일 행복한 아들이다.

아버지가 안 계셨으면 대신 옹골찬 맛이라도 있어야 하는 법인데 나는 싸움도 지지리 못했다. 껄렁거리는 놈들이 시비를 걸 때면 속에서 분노가 솟구쳤지만 꾸욱 참을 수밖에 없었다. 그래서 싸움의 기술을 배우기 위해 초등학교 5학년 때 합기도, 중학교 1학년부터 유도를 배웠다.

그러던 어느 날, '이제는 됐다'고 생각하고 드디어 한판 붙었다. 결과는 연전연패! 대실망이었다.

그러나 이것 역시 결과적으로는 참 잘된 일이었다. 싸움을 못하니 할 수 없이 공부하고 책 읽는 쪽으로 취미를 붙일 수밖에 없었고 직업도 인생도 그렇게 풀렸다. 전혀 손해 볼 일이 아니었다. 만약 내가 주먹이 셌다면? 나같이 칭찬 받기 좋아하고 명예욕 강한 인간은 날마다 '짱' 소리 좀 들어보려고 주먹질을 밥 먹듯 했을 것이다.

싸움은 도저히 안 되니까 어쩔 수 없이 공부에 집중했다. 그 결과, 성적이 반에서 중간 정도는 됐다. 그러나 타고난 두뇌 탓인지 나의 멍청함은 어찌해 볼 도리가 없었다. 도무지 눈치가 없고 상대의 마음을 읽을 수가 없었다. 누가 싫은 기색을 해도 싫은 줄 몰랐고 누가 좋은 표시를 보여도 눈치 채지 못했다.

그런데 이런 '멍청함' 까지도 내 인생에 엄청난 약이 되었던 것이다. 머리를 굴릴 줄 모르기에 그저 묵묵히 공부하고 일하지 않을 수가 없었다. 멍청하기에 누가 나를 무시해도 전혀 눈치를 못 챘다. 당연히 스트레스도 안 받았다. 그리고 보면, 멍청한 머리야말로 내 건강과 성공의 일등공신이다.

멍청한 내 머리의 면적은 염치없이 남들보다 월등히 컸다. 동대문 시장, 남대문 시장의 모자 가게들을 섭렵하여 그 중 제법 크다는 모자를 써보아도 두개골을 압박하는 고통에 시달리며 이놈의 큰 머리를 원망한 게 한두 번이 아니었다. 머리가 크니 자연히 얼굴도 한없이 컸다. 나는 일명 '얼큰이'로 불리워지며 원빈, 송승헌 등의 얼굴과는 한없는 이질감을, 박경림이나 강호동의 얼굴을 보면 한없는 친근감을 느끼게 되었다. 그러나 유머를 하는 내게는 이것도 큰 복이 되었다. 얼굴이 넓으니 웃는 표정, 우는 표정, 놀란 표정,

노인의 표정, 아이의 표정 등 다양한 표정 연기를 한층 더 실감나게 표현할 수 있었다.

내가 살아온 과거는 분명 많이 부족했고 서러웠다. 그러나 그 가난과 부족함은 모두 내 유머의 원천이 되었고 나는 웃으며 이것들을 즐길 수 있는 유머형 인간이 되었다. 그래서 내 앞의 힘든 고비들을 거뜬히 이겨낼 수 있었다.

살아가면서 인생의 고비 고비마다 먹구름이 가득한 상황에 직면할 때가 많을 것이다. 그때 한마디의 유머와 한바탕의 웃음은 힘든 상황의 무게를 가볍게 하고, 느긋하게 웃으며 지켜볼 수 있는 기적 같은 힘을 가져다준다. 이 책으로 유머와 웃음이 인생의 큰 무기임을 많은 사람들에게 알리고 싶다.

웃으면 인생이 술술 풀린다! 유머와 웃음으로 인생을 단련시키자. 유머와 웃음으로 인생을 경영하자.

유머는
인생 뒤집기다

유머란 세상을 뒤집어 보는 일이다

세상의 유머러한 인간들은 유머를 통해 앞으로 뒤로되고 뒤엎기도 두루 잘 알면서
거구 쉽게라 해요 날로 하면 인생 뒤집기다 인생이 즐거운 근과보면 세상은 좋겠지다.
구애야만 특별한 수 행기는 화그이 떨어진다.

철저히 자기를 분석하라

현명한 사람은 자기 자신에게 의문을 품고 어리석은 자는 남
들만 의심한다.

-H.A.

어느 교수가 강의 도중 갑자기 십만 원짜리 수표를 꺼내들고 물
었다.

"이거 가질 사람, 손 들어보세요!"

모든 학생이 손을 들었다.

그걸 본 교수는 갑자기 수표를 주먹에 꽉 쥐어서 구기더니 다시
물었다.

"이거 가질 사람, 손 들어보세요!"

이번에도 모든 학생이 손을 들었다. 그러자 갑자기 교수는 그 수

표를 바닥에 내팽개쳐서 발로 밟고 비벼댔다. 수표는 구겨지고 흙이 묻어 몹시 더러워지고 말았다.

교수가 다시 물었다.

"이거 가질 학생 있어요?"

다시 모두 손 들었다. 그러자 교수가 말했다.

"여러분들은 구겨지고 더러워진 수표일지라도 십만 원의 가치가 변하지 않았다는 것을 잘 알고 있군요. '나'의 가치도 마찬가지입니다. 구겨지고 더러워진 '나'일지라도 그것의 가치는 전과 다르지 않게 똑같이 소중한 것입니다. 실패하고, 사회의 바닥으로 내팽개쳐진다 할지라도 절대 좌절하지 마십시오. 여러분의 가치는 어느 무엇보다 소중한 것입니다."

나는 한없이 소중하다. 내 인생에서 제일 중요한 요소가 '나'다. 그렇기에 '나'는 집중적으로 연구하고, 분석해서 정확히 이해해야 할 대상이다.

나의 20대는 궁핍과 함께 찾아왔다. 군에서 제대했을 때의 달콤함도 잠시, 군대에서는 누구에게나 공평했지만 사회에서는 돈의 유무에 따라 수많은 계급으로 삶이 나뉘어진다는 것을 발견했다. 살펴보니 나는 제일 낮은 계층에 해당했다. 번듯한 직장도 유산도 집도 없었고, 동산은 애시당초 없었고, 알짜배기 부동산도 물론 없

었다. 내 인생은 소로 치면 '비빌 언덕'이 없는 것이요, 용으로 치면 '헤엄칠 물'이 없는 격이었다.

그래서 곧바로 자가용 운전기사 일을 시작했다. 지지리 박봉에 그나마 자리가 나는 건 다른 기사들이 힘들어 그만둔 집들뿐이었다. 하인 취급, 비인간적인 모욕에 쥐꼬리만 한 월급, 휴일도 모두 뺏긴 다람쥐 쳇바퀴 도는 생활이었다. 그 집 일을 그만둔 후 다시 운전기사가 되긴 싫었다.

이번에는 세일즈를 했다. 자유도 좋은 대우도 얻을 수 있었지만, 아직 어설픈 나이였던 내가 고객을 설득한다는 것은 그리 만만치 않았다. 멋진 옷차림으로 연애하는 또래를 보면 풀이 죽었고 든든한 직장, 상냥한 부인을 얻은 일부 동창들을 만나면 끝 모르는 열등감이 밤낮으로 나를 괴롭혔다. '과연 내 인생에도 먹구름이 개이고 볕 드는 날이 올까?' 도무지 자신이 없었다.

그러던 어느 날 나는 끊임없는 자학을 중단하기로 결정했다. 열등감은 내게 어떠한 이익도 주지 않음을 불현듯 깨달았던 것이다. 제일 먼저 노트 한 권을 샀다. 그리고 객관적으로 나는 누구인가, 내가 궁극적으로 원하는 것은 무엇인가를 알고 싶어 철저히 나를 분석했다.

• 나의 장점 : 젊음, 부드러운 인상, 보통은 되는 IQ, 듣기 좋은

음성(?)

- 나의 단점 : 덤벙거림, 과도한 흡연
- 나의 재산 : 양복 한 벌, 카세트 녹음기, 안경, 가방
- 10년 후 내가 갖게 될 희망 재산 목록 : 집, 차, 가정, 자녀, 소파, TV, 냉장고
- 그러기 위해 내가 해야 할 일 : 내 인맥 만들기, 대학교, 대학원 가기, 영어공부, 독서
- 섭렵해야 할 책들 : 처세, 세일즈, 화술, 성공학, 소설
- 예상 전공 : 경영학, 국문학, 영문학, 철학, 신학

그때 노트에 적은 목표들이 지금 거의 이루어진 것을 보니 이것은 내 인생에 중요한 역할을 한 것이 분명하다.

우선, 자신을 철저히 파악하라. 그리고 인생 전략을 구체적으로 세워라. 그것은 반드시 긍정적이고 유쾌한 인생 전략이어야 한다.

과연 20대 후반이 되자 내 인생도 풀리기 시작했다. 내리막만 계속되는 길은 없는 법인지 고통이 수반됐던 인생의 학습 덕분인지, 수년 새 모든 게 좋아졌다. 증권으로 말하면 바닥을 치고 올라오는 상승 곡선이 시작된 것이요, 등산으로 말하자면 부담 없는 능선 평탄 코스가 전개된 것이다. 바닥을 치니 올라갈 일만 남았다. 수입이 조금씩 늘고, 남들에게 인정을 받기 시작했으며 하루 중 웃는 시간

이 점점 더 많아졌다.

꿈꾸던 대학에 들어가게 되었고 내친 김에 대학원까지 갔다. 이제는 경멸과 멸시로 건네진 봉급이 아니라 찬사와 존경이 담뿍 담긴 봉급이 들어왔다. 더 쉽게, 더 많이 벌 수 있었다. 그때 깨달았다. 인생은 롤러코스터나 바이킹처럼 '내려가면 반드시 다시 올라가게 된다'는 것을 말이다.

어느 날 갑자기 유명세를 타고 있는 김진배를 발견했다. 방송에도 나가게 되고, 거리에서는 가끔씩이나마 얼굴을 알아보는 사람도 만나게 된다. 내 책을 읽은 독자들이 뜨거운 호응을 해오고 내 강의를 들은 기업 임직원들에게 칭찬도 받았다. 젊은 나이에 주례도 여러 번 섰다. 이만하면 개천에서 용 난 셈이다.

지금은 늘 웃으며 유머를 설파하고 다니지만 아마 괴로운 시절이 없었다면 '유머로 위기를 극복할 수 있다'는 진리를 결코 알 수 없었을 것이다. 인생을 유머로 극복하려는 노력조차 없었을 것이다. 또 그때 웃을 줄 몰랐다면 괴로움은 괴로움으로 끝이 났을 것이다.

인생에 유머가 스며들면 세상은 환해진다. 무엇이든 극복할 수 있다는 자신감이 피어난다.

나는 지금도 마이크를 잡고 희망을 말한다.

"하하하, 크게 웃으며 희망을 외치면 모든 게 맘 먹은 대로 이루어진답니다. 진짜루~"

유머형 인간은 행복을 재구성한다

자기가 소유하고 있는 것을 가장 풍부한 재산으로 여기지 않는 자는 비록 이 세상의 주인이라도 불행하다. ─에피쿠로스

교실에서 마빡이가 아주 독한 방귀를 뀌었다. 화가 치민 선생님은 마빡이를 교실 밖으로 내쫓았다. 내쫓긴 마빡이는 무엇이 좋은지 혼자 실실 웃었다.

지나가던 교장 선생님이 계속 웃고 있는 마빡이를 보고 말했다.

"애야, 너는 왜 밖에 나와 있니?"

"교실 안에서 방귀를 뀌었다고 선생님이 쫓아냈어요."

"그런데 왜 그렇게 웃고 있지?"

"웃기잖아요! 저 바보들은 교실 안에서 열심히 내 방귀 냄새를

맡고 있는데, 방귀 뀐 나는 이렇게 좋은 공기를 쐬며 밖에 나와 있잖아요."

집에서 반항하는 십대 자녀와 한바탕했다고? 고민할 것 없다. 그건 아이가 거리에서 방황하지 않고 집에 잘 있다는 뜻이다. 지불해야 할 세금 때문에 괴롭다고? 안심하라. 그건 나에게 직장이 있다는 것이다. 파티를 하고 치워야 할 게 산더미라면? 축하한다. 그건 친구들과 즐거운 시간을 보냈다는 것이다. 옷이 몸에 꼭 낀다고? 그건 당신이 지금 잘 먹고 잘 살고 있다는 의미다. 깎아야 할 잔디, 닦아야 할 유리창, 고쳐야 할 하수구가 있다면 그건 나에게 집이 있다는 것이고, 정부에 대한 불평불만의 소리가 높다면 그건 언론의 자유가 있다는 것이다. 세탁하고 다림질해야 할 일이 산더미라면 그건 나에게 입을 옷이 많다는 것이다. 온몸이 뻐근하고 피로하다면 그건 내가 열심히 일했다는 것이고, 이른 새벽 시끄러운 자명종 소리에 깼다면 그건 내가 살아 있다는 것이고, 그리고 이메일이 너무 많이 쏟아진다면 그건 나를 생각하는 사람들이 그만큼 많다는 것이다. 이것은 월간 〈낮은 울타리〉에 실렸던 내용으로 많은 사람들에게 공감을 얻고 있다.

남들이 마빡이를 불쌍해 할 때 마빡이는 홀로 웃고 있었다. 마빡이는 행복이 뭔지 알고 있다. 마빡이는 유머형 인간이다.

'돈이 많았으면' 하고 바란다고 해서 곧바로 돈이 많아지는 것은 아니다. 하지만 행복은 다르다. 행복하다고 생각하는 순간, 실시간으로 행복이 넘친다.

누구나 행복하고 싶어 하지만 누구나 행복하지는 않다. 남이 주는 행복은 제한적이다. 진정한 행복은 스스로 찾아야만 한다. 행복해지기 위해서는 행복을 간절히 갈구하고 연구해야 한다. 현실의 어둠 속에서 빛을 찾고 고통 속에서 환희를 발견해 보자.

방법은 있다. 불행을 재구성Reframing하면 행복이 되고 단점을 재구성하면 장점이 된다. 재구성의 순서는 3단계로 완성된다.

- 1단계 : 불행(단점) 출현
- 2단계 : 불행(단점) 자세히 살펴보기
- 3단계 : 불행(단점)을 행복(장점)으로 바꾸기

가난, 질병, 실직 등이 주는 현실의 괴로움을 피하지 말고 오히려 주시하고 확대시켜 보자. 그 괴로움이 초래할 수 있는 극단적인 상황까지도 살피자. 아주 어두운 곳에 들어가면 빛이 잘 보이듯 그 깊고 깊은 괴로움 속을 잘 관찰해 보면 '머리카락 보일라' 꼭꼭 숨어 있는 행복이 살포시 보이게 된다.

유머란 세상을 뒤집어 보는 일이다. 세상의 유머형 인간들은 이

방법을 통해 없어도 행복했고 넘어져도 웃을 줄 알았다. 재구성이
란 쉬운 말로 하면 인생 뒤집기다.

160킬로그램의 몸무게라고 하면 볼록 나온 똥배를 부여잡고 숨
을 헐떡이는 모습이 연상된다. 그러나 2미터 하고도 18센티미터
의 키에 160킬로그램의 체중이라면 이야기가 달라진다. 날씬한 몸
매, 다부진 근육, 솥뚜껑 같은 손, 바로 K-1 최홍만의 모습이다. 천
하장사를 거머쥐었으나 한국 씨름의 운명 앞에 그는 과감히 방향
을 바꿔 격투기 무대에 뛰어들었다. 아케보노, 밥 샙, 새미 슐츠 같
은 거함들을 차례차례 물리친 그는 데뷔 첫해부터 격투기 무대를
휘어잡았다. 돈과 명예도 따라왔다. 인생 재구성에 멋지게 성공한
최홍만. 상대를 물리치고 앙증맞게 보여주는 그의 테크노춤을 계
속 볼 수 있기를 바란다.

왕년의 천하장사 이만기 선수가 상대에 깔려 넘어지려는 순간 오
히려 상대를 뒤집어버린 장면도 생각 난다. 바로 그거다. 유머를 통
해 고난을 뒤집어버리자. 웃음을 가지고 불행을 뒤집어보자.

- 가난한 자에게 복이 있나니. — 예수
- 흑인이 아름답다(Black is beautiful). — 마틴 루터 킹

가난한 자도 행복해질 수 있고 흑인도 백인 앞에서 폼 잡을 수 있

다. 촌 패션도 다시 생각하면 압구정 패션을 능가할 수 있다. 생각을 바꾸기 나름이다. 나의 정신 건강을 위해, 행복과 웃음의 표정을 찾기 위해, 미래의 성공을 위해 지금의 어려움을 행복으로 재구성해 보라.

다른 사람의 행운을 빌어라

나는 당신을 사랑한다. 당신의 존재를 위해서만이 아니라 당
신과 함께 있는 나의 존재를 위해서도.
                                        ─로이 크로프트

수박밭을 가꾸는 농부에게 고민이 생겼다. 동네 아이들이 밤마다
와서 수박을 하나씩 서리 해가는 것이었다. 농부는 생각 끝에 꾀를
내어 수박밭에 팻말을 세웠다.

'이 중 한 개의 수박에는 청산가리를 주사했음.'

다음 날 농부가 수박을 세어보니 과연 개수가 맞았다. 농부는 기
쁜 마음에 돌아가려다 팻말 밑에 적혀 있는 글을 보고 놀라 자빠지
고 말았다. 그곳에는 작은 글씨로 이렇게 적혀 있었다.

'이제 두 개가 되었음.'

상대를 저주하다 자신이 저주의 대상이 된 꼴이다.

세상에는 두 종류의 인간이 있다. 남에게 행운을 비는 사람과 남에게 저주를 퍼붓는 사람. 그런데 아쉽게도 세상에는 후자들이 더 많이 보인다.

인터넷 게시판에서 "이 글을 읽고 3일 내로 5명에게 보내지 않으면 당신에게 저주가 걸립니다. 누군가 겁을 상실하고 이 편지를 3일 내에 안 보내면 교통사고를 당하고 누구는 낙마를 할 것입니다……"라는 재수 없는 내용의 글을 종종 보게 된다.

다른 사람에게 저주를 퍼붓는 이런 글을 돌리는 사람들이여! 당신이 아니더라도 사람들은 짜증과 피곤에 지쳐 있다. 대신, 우리 행운을 빌어보자.

이제는 이런 기분 좋은 글을 올려보면 어떨까?

제목 : 저주가 풀리고 행운이 오는 글

지금 이 글을 보는 즉시 지금까지 당신에게 걸린 저주가 모두 풀립니다. 어머니는 절대로 내일 안 죽고 아버지는 절대로 교통사고로 죽지 않습니다. 뒤에서 귀신이 째려볼까 고개

돌리느라 진땀 흘릴 필요도 없습니다. 향후 10년간 절대로 저주에 안 걸리며 로또에 당첨될 확률을 1,000퍼센트로 늘려줍니다. 당신이 있는 곳 반경 5km 안에서는 언제나 재수가 좋게 됩니다. 당신은 사랑받기에 충분한 사람이니까요.^^

우주의 원리는 남의 행운을 빌면 자기가 행운을 받게 되고 남에게 저주를 퍼부으면 자기가 저주를 받게 되어 있다. "행복하세요, 복 많이 받으세요, 항상 건강하세요, 부자 되세요, 좋은 아침……" 하고 덕담을 하는 순간 상대 귀와 더불어 내 귀가 그 말을 듣는다. 순간 달팽이관과 세반고리관을 거쳐 청신경을 지나 뇌에 이르기까지 모든 신체 장기가 일제히 춤을 추며 기분이 좋아진다. 엔도르핀이 솟으며 온몸이 행운받기 모드로 바뀐다.

반면 "차라리 죽어, 재수 없어" 하고 악담을 하는 순간, 그 소리를 가장 먼저 듣는 사람은 상대가 아니고 바로 자기 자신이다. 상대가 그 말을 내뱉는 사람보다 더 잘 들을 수는 없다. 그 말을 듣는 순간, 온몸 신체 장기마다 악담과 저주로 인한 나쁜 호르몬이 터를 잡고 불행받기 모드로 싹 바뀐다.

돈을 빌려주면 3~4퍼센트의 이자를 얻는다. 강남에 집 사서 오십 퍼센트 남아봤자 세금 폭탄에 이것저것 제하면 정기예금 수입

정도가 된다.

그런데 웃음은? 200퍼센트가 남는다. 오늘 만나는 사람에게 웃어주자. 행운을 빌어주자. 내 웃음으로 인한 기쁨에 상대가 화답해주고 또 그로 인해서 기쁨이 배가 되어 정말 행복한 날이 되리니.

자유롭게 사고하라

'노(NO)'를 거꾸로 쓰면 전진을 의미하는 '온(ON)'이 된다.
모든 문제에는 반드시 문제를 푸는 열쇠가 있다. 끊임없이
생각하고 찾아내라.

— 노먼 빈센트 필

미술관 입구를 맡게 된 수위가 수위장으로부터 "지팡이를 수위
실에 맡겨놓기 전에는 아무도 통과시키지 말라"는 엄명을 받았다.
이윽고 한 노신사가 두 손을 호주머니에 찔러 넣고 나타났다. 수위
는 즉각 그 사람을 붙잡았다.

"지팡이는 어디 있습니까?"

"네? 난 지팡이가 없어요."

노신사가 대답했다.

"그러면 돌아가서 지팡이를 가지고 오세요. 그래야 들어가실 수 있습니다."

이 수위가 고정관념을 버리지 않는다면 이내 미술관에서 쫓겨나게 될 것이다.

어린이들은 생각이 유연하다. 이렇게 사고하고 저렇게 생각할 줄 안다. 마치 골을 잡고 그라운드를 마음대로 휘젓는 호나우딩유의 드리블처럼 전후좌우 마음먹은 대로 볼의 방향을 바꾼다. 그러나 우리는 어른이 되면서 사고가 석고상처럼 서서히 굳어진다.

'저 친구가 나를 보고 웃고 있잖아? 뭐야, 지금 내 헤어스타일을 비웃는 거야?'

'일본 사람들은 모조리 야비해.'

'정치인들은 깡그리 부패했어.'

어쩌다 헤어스타일이 별로라고 흉보는 사람이 있을 수도 있다. 그러나 사람들이 그저 기분 좋아 웃고, 원래 명랑한 사람이기에 웃을 수도 있는 것을! 혹은 당신이 너무 좋아서 웃는 것인지도 모른다. 당신의 꽉 막힌 고정관념 때문에 친구를 원수로 만들어버리는 건 얼마나 바보 같은 짓인가. 생각을 확 바꿔보자. 나보고 짜증 내지 않고 웃어주니 이 얼마나 좋은가! 이렇게 생각해 보자.

일본 사람들 중에는 야비한 사람들도 분명 있다. 하지만 그 수는 야비한 중국 사람, 야비한 미국 사람, 야비한 나이지리아 사람, 야비한 대한민국 사람들 수와 엇비슷할 것이다. 필요 없이 외국 손님들에게 밥 안 팔고 기름 안 판다고 핏대 세울 일이 아니다.

정치인들 중 깡그리 부패한 사람들이 분명히 많다. 그래도 다 그런 건 아니다. 반만 부패한 정치인, 약간만 부패한 정치인도 얼마든지 있다. 기왕이면 긍정적으로 생각하는 게 내 정신건강과 대인관계에도 훨씬 이익이다.

어느 노인이 길을 가는데 한 청년이 울고 있었다.

"젊은이, 왜 우는가?"

"제가 이 언덕에서 넘어졌는데, 팻말을 보니 여기서 한 번 넘어진 사람은 3년밖에 못 산다고 합니다."

"하하하! 그럼 한 천 번쯤 넘어지면 되지 않겠나."

이렇게 생각을 한 번 바꾸니 3년 단명이 3천 년 장수로 바뀌었다.

세상 원리가 이렇다. 남이 나의 불행을 가져올 능력은 고작 3퍼센트 정도다. 내 불행의 97퍼센트는 나에게 달려 있다. 내가 잘 된다고 생각하면 잘 되고, '나는 정말 안 돼. 난 바보야' 하고 부정적으로 생각하면 진짜로 바보 되는 거다.

아버지가 컵에 물을 반쯤 채워놓고 아들에게 물었다.

"이 물이 반쯤 빈 거냐, 아니면 반쯤 찬 거냐?"

아들이 서슴없이 대답했다.

"그야 지금 물을 따르고 있는 중인지, 아니면 마시고 있는 중인지에 달린 것 아니겠습니까?"

자유롭게 사고하는 당신이야말로 진정코 행복할 자격이 있는 사람이다.

자신에게 긍지를 가져라

삶이란 우리의 인생 앞에 어떤 일이 생기느냐에 따라 결정되는 것이 아니라 우리가 어떤 태도를 취하느냐에 따라 결정되는 것이다.

-존 H. 밀스

아프리카 식인종 추장이 영국에 갔다.

기자들이 물었다.

"사람고기 맛이 어떻습니까?"

"하늘이 두렵지 않습니까?"

"그 야만적 습관을 그만둘 생각이 없습니까?"

일부 성직자와 지식인들은 노골적으로 비난을 퍼부어댔다.

"끔찍한 야만인을 영국에서 당장 추방하라!"

그로부터 며칠 후 1차 세계대전이 일어났다. 순식간에 수천 수만 명이 도처에서 살해되는 모습을 본 그 추장이 기자회견을 자청했다. 그러고는 문명인들을 상대로 이렇게 물었다.

"도대체 이해가 안 가는군요. 당신들은 먹지도 않으면서 왜 이렇게 사람을 많이 죽입니까?"

도대체 문명과 반문명, 신사와 야만인의 구분은 누가 할 수 있단 말인가? 자신의 우월감을 충족하기 위해 남을 무시, 멸시, 비난, 비판, 손가락질하는 행위야말로 야만이 아니던가? 소위 문명인들이 식인종의 질책에 망신을 당하고 있다.

사실 문명국들이라고 하는 곳에서도 이상한 풍습들이 있는 건 마찬가지다. 세상의 기준이 되는 것처럼 보이며 가장 합리적인 나라처럼 여겨지던 미국도 주별 규정을 보면 도무지 이해 안 가는 규정들이 너무 많다.

- 미시간 : 아내의 머리카락은 법적으로 남편의 소유다.
- 코네티컷 : 물구나무서서 길을 건너는 자는 처벌한다.
- 매사추세츠 : 셋집에서는 결혼한 부부라도 벌거벗고 자면 안 된다.
- 메릴랜드 : 싱크대는 아무리 더러워도 닦아서는 안 된다.

- 플로리다 : 여성들은 일요일 오후에 낙하산 점프를 하면 안 된다. 수영복을 입고 대중 앞에서 노래하면 안 된다.
- 웨스트버지니아 : 역겨운 양파 냄새, 마늘 냄새를 풍기는 어린이는 등교해서는 안 된다.
- 오하이오 : 다섯 명 이상의 여자가 한 집에 사는 것은 위법이다.

이 밖에도 많은 주에서 총기소지를 허용하고 있어 총기사고가 빈번하다. 결국 누가 누구보다 더 우월한 것은 없다. 자신의 출신에 궁지를 느끼는 게 중요하다. 우월감을 느끼는 사람들의 행태도 문제지만 그런 심리에 넘어가 열등감을 느끼는 것도 문제다. 황인종이냐 흑인종이냐 혹은 백인종이냐 하는 것은 자신의 선택이 아닌 이상 하등 열등감을 느낄 필요가 없다. 일부 백인들이 아직도 유색인종 운운하는 것은 우스운 일이다.

인종차별, 국가차별에 이어 요즘 한국 사회에서는 비정규직의 아픔이 사회문제화 되고 있다. 임금도 적고, 근무조건도 열악하며 언제 잘릴지 모르는 불안한 처지다. 그러나 마음마저 웅크릴 필요는 없다.

철가방의 비애

1. 장난전화 하는 사람

: 힘들게 끙끙거리며 초인종을 누르고 "배달왔어요" 했는데 "안 시켰어요!" 달칵?!

2. 너무 먼 곳에서 배달시키는 사람

: 13킬로미터 떨어진 촌구석에 배달간 적도 있었습니다. 스쿠터 끌고 헉헉거리며 갔다 오니까 발가락은 몽땅 동상 걸려 있고 기름도 바닥나 낭패 봤다구요.

3. 도대체 알 수 없는 곳으로 배달시키는 사람

: 번지수 가르쳐주면 될 것을, "전봇대 옆에 검은 대문~" 꼭 요런 식으로 말하시는 분들이 있습니다.

4. 계산을 수표로 하는 사람

: 자장면 한 그릇 먹고 백 만원짜리 수표 내시는 분 꼭 있어요.

5. 중국집 아줌마 결근해서 혼자 어설프게 자장면, 짬뽕 만들고 배달하고, 북치고 장구치고 다 할 때

6. 그릇 찾으러 가보니 하나도 안 먹고 남겼을 때

7. 학교에서 배달시킬 때, 특히 시킨 사람이 학생일 때

: 정말 쪽팔려요.

직업에 비애를 느끼는 이의 마음이 절절히 다가온다. 존경받고 박수 받는 직업은 물론 아니지만 나는 이렇게 힘든 일도 젊은 시절에 한 번쯤은 경험해 볼 만한 일이라고 생각한다.

자기연민에 빠져 스스로를 자학하고 비관하는 것은 남 보기에도, 자신의 앞날을 위해서도 옳지 않다. 막일을 하다 세계적인 학자가 된 사람이 앨빈 토플러이고, 배달 일을 하다 유명한 중국집을 차린 사람들도 있다. 스스로 자신의 출신, 자신의 직장에 긍지를 느끼는 사람이 성공한다.

한 노처녀가 천신만고 끝에 제 짝을 만났는데 첫날밤 남편의 뺨을 때렸다.

"야 이 놈아, 왜 이제야 나타난겨?"

예전엔 특별한 일이었지만 지금은 너무나 자연스럽게 등장하는 단어들이 있다. 연상연하, 이혼녀, 재혼남, 싱글, 노처녀 등. 싱글족들을 위한 파티, 싱글족을 위한 비즈니스가 성행한다. 간혹 자신이 싱글이라는 데 콤플렉스를 느끼는 사람들이 있다. 자신이 스스로 주눅들어 있으면 점점 초라해지고 매력이 감퇴한다. 일이 잘 풀릴 리가 없다. 자신에 대해 긍지를 느끼고 어깨를 펴라! 내가 스스로 멋있다고 생각해야 남들도 그렇게 본다.

아침마다 거울을 보며 외쳐보자.

하하하, 역시 난 멋진 사람이야, 요 매력덩어리!

균형 감각을 갖춰라

우편으로나 좌편으로나 치우치지 말고 네 발을 악에서 떠나

게 하라.   -잠언 4:27

차남의 비애

● 평소 부모들의 태도

  장남 : 항상 믿음직스럽고 든든하다

  막내 : 항상 귀엽고 재롱덩어리다

  차남 : (관심도 없다) 어? 너도 있었니?

● 아이 친구들이 놀러왔을 때의 반응

  장남 : 아이구, 너 참 잘 생겼구나. 그래, 네 이름이 뭐니?

막내 : 너희들 뭐 먹을 것 줄까?

차남 : 너, 또 애들 달고 왔니?

● 아이가 사고쳤을 때

장남 : 대체 어쩌다 그랬니? 다음부터 조심해라!

막내 : 다친 데는 없니?

차남 : 너는 정말 일생에 도움이 안 돼!

직장에서나 가정에서나 무릇 리더의 역할은 균형감각을 갖추는 일이다. 사람들은 수많은 주제를 가지고 변론을 하고 공격을 하고 투쟁을 하며 갈등을 겪는다. 왜? 인간은 대부분 자신의 관점에서 사물을 보고 해석하기 때문이다. 논쟁을 관찰하는 제3자도 자신의 관점에 따라 한쪽 편으로 쉽게 휩쓸려가게 된다.

외골수적인 면이 있으면 갈등의 표현이나 표출이 다분히 과격해진다. 지혜롭게 협상하는 훈련이 덜 되어 있다면 한층 격렬해진다.

우리에게 필요한 것은 균형 감각이다. 그동안 우리 사회에서는 균형 잡힌 판단을 위해 노력하는 사람들이 오해받기 쉬웠다. 갈등 관계에서 누군가는 중심을 잡아주는 것이 바람직한데도 사람들은 그를 변절자, 박쥐족, 회색주의자, 기회주의자 등으로 매도하는 경우가 많았다. 사실 어느 극단이 옳을 확률은 적다. 수학의 통계분포

도에서도 보면 중간 부분이 가장 볼록하다. 너무 한쪽에 치우치다 보면 사물의 모든 면을 종합적으로 균형 있게 볼 수 없다. 마치 장님이 코끼리의 일부분만 보고 코끼리에 대해 정의 내리는 것과 같다. 왜곡되기 마련이다. 독단, 골수, 떼쓰기 문화는 현대인의 시각으로는 거추장스럽고 우스꽝스럽다.

자연 현상을 살펴보면 지혜를 얻을 수 있다. 우리 몸은 조화와 균형을 원한다. 밥을 많이 먹으면 배가 부르다. 밥맛이 없어지고 음식을 거부한다. 가스가 차고 소화가 안 되며 더부룩해진다. 반면 며칠 굶으면 꼬르륵 소리를 연발한다. 사방에 먹는 것만 보인다.

피곤하면 구내염이 생긴다. 과로를 피하라는 증거다. 졸리면 행군 중에도 눈이 감기고, 실컷 자면 자명종 없이도 기상하는 게 우리 신체의 자연스런 현상이다. 끊임없이 균형 감각을 유지하는 것이다. 항상 누워만 있거나 항상 움직이면, 모두 몸에 문제가 있는 경우다. 너무 말이 없거나 너무 수다스러워도 환영받지 못한다.

극단에 치우치는 현상은 아직 성숙되지 못한 사회에서 자주 발생한다. 선진국일수록 재산이나 학력, 이념이나 가치관에서 중간층, 중산층이 풍부하게 존재한다. '중용의 도'란 말은 선진국이 되기 위해 우리에게 가장 절실한 교훈이다.

마음이 극단적으로 치우치는 사람의 인상은 한결같이 과격하다. 눈이 충혈되고 입 끝에 힘이 들어가기 때문이다.

마음을 순화시키는 데 아주 유용한 것이 하나 있다. 미소다. 마음이 긴장될 때 얼굴과 어깨 부근의 힘을 살포시 빼보라. 입꼬리가 저절로 말려 올라가며 편안하게 미소 짓는 얼굴이 만들어진다. '염화시중의 미소'도 이렇게 균형 잡힌 마음을 유지하는 데서 나온 것이다. 마음의 균형은 인생 성공의 필수조건이다.

꼼수를 쓰지 마라

오직 들은 대로만 옮길 뿐 꾸며서 말할 줄 모르는 앵무새에
게서 우리는 배울 점이 많다.　　　　　－〈조크와 수수께끼 책〉 중에서

설날 꼴불견 베스트 10

1. 가깝게 살면서도 항상 늦게 오는 동서

2. 형편 어렵다며 빈손으로 와서 갈 때는 이것저것 싸가는 동서

3. 한 시간이라도 빨리 가서 쉬고 싶은데 눈치 없이 고스톱 계속
   치는 남편

4. 술 취했으면서 안 취했다고 우기며 가는 손님 붙잡는 남편

5. 친정에 일찍부터 와서 참견하는 시누이

6. 잘 놀다 꼭 부침개 부칠 때 옆에 와서 식용유 엎는 조카

7. 기름 냄새 맡으며 간신히 부쳐놓은 부침개를 도와주지도 않고 홀랑 집어먹는 남편

8. 며느리는 친정 안 보내면서 시집 간 딸은 빨리 오라고 재촉하는 시어머니

9. 시댁에는 20만 원, 친정에는 10만 원으로 용돈 차별하는 남편

10. 늦게 와서는 아직도 일하고 있느냐며 큰소리치는 형님

잔머리 굴리며 큰소리치는 사람이 제일 얄미운 법이다.

인터넷으로 바둑을 두다 보면 잘 안 풀릴 때가 있다. 그럴 때는 꼼수를 쓰고 싶은 은근한 유혹이 생긴다. 에라, 모르겠다. 역전하고픈 마음에 은근슬쩍 무리수를 둔다. 상대의 거대한 백돌 진영에 이미 전멸된 아군을 살리고자 일부러 상대의 실수를 바라며 억지 침투를 한다. 오직 상대의 방심만을 믿고 말도 안 되는 꼼수를 쓰는 것이다. 뻔히 보이는 얕은 수를 쓸 때면 나도 양심이 있어 스스로 얼굴이 홍시처럼 빨개진다. 상대가 이런 꼼수에 넘어올 리 없다. 결과는 더 큰 참패. 후회하지만 이미 쏜 화살이요, 엎질러진 물이다. 지고 망신당하는 꼴이다.

꼼수는 상식과 논리, 신의, 성실의 정상적인 인간관계의 도리를 벗어난 치사무쌍, 야비광활한 수이다. 스스로 부끄러움을 느낀다는 점에서 변칙과 다르다.

인생을 살며 관찰해 본 결과 우리 사회에는 꼼수가 너무 많다. 하도 많다 보니 정수를 쓰는 사람이 오히려 고지식해 보이고 꽁생원처럼 느껴지기도 한다.

여럿이 식사하러 가면 슬그머니 없어지는 사람이 꼭 있다. "돈이 없는데 신세 좀 지자구" 하고 떳떳하게 말하는 것이 정수요, 계산할 때 필요 없이 신발 끈을 풀고 매고를 반복하거나 나오지도 않는 소변을 본다며 화장실을 들락거리는 것은 분명한 꼼수다.

상대와 의견이 다르고 갈등이 있을 때 정정당당히 "이 점은 당신 잘못이에요!" 하고 분명히 밝히는 것이 정수라면 "저 친구는 왜 그러니 글쎄" 하며 뒤에서 수근대는 것은 꼼수다. 정치인들 하는 짓을 오랫동안 관찰하다 보면 누가 정수를 쓰는 정치인인지 누가 꼼수나 쓰는 정치인인지 알 수 있다. 잘못이 밝혀졌을 때 "이것은 내 책임입니다" 하고 밝히는 것이 정수 정치요, "아, 저 친구들이 문제예요" 하고 물귀신 작전이나 맞불을 놓는 것은 꼼수 정치다.

웃음에도 꼼수가 있고 정수가 있다.

축하와 칭찬의 밝은 웃음이 정수라면 남을 비꼬고 상대의 단점을 과대 선전하며 냉소로 웃게 만드는 것은 꼼수 웃음이다. 사업가가 오직 주주와 고객만을 생각하며 최상의 제품을 저렴하게 공급하는 것이 정수 경영이지만 상속세 빼돌리기, 회사 돈 슬쩍하기, 불량식품 만들고 걸렸을 때 발뺌하기 등은 꼼수 경영이다.

꼼수는 걸리면 망신당한다. 우리 사회에는 마치 악화가 양화를 몰아내듯, 꼼수가 활개쳐 정수를 쓰는 사람이 이상해 보인다. 정말 멋진 사회를 후손에게 물려주려면, 너도 좋고 나도 좋은 멋진 나라를 만들려면, 그 지긋지긋한 IMF를 또 불러들이지 않으려면, 이제 정말 꼼수 없는 나라를 만들어야 한다.

상대방의 애환을 들어주라

입은 한 개요, 귀가 두 개인 것은 말하기보다 듣는 것에 신
경을 쓰라는 하늘의 뜻이다.

-무명씨

인터넷에서 '만며느리송' '며느리 한탄가'로 불리며 인기를 끌
던 시다.

저번제사 지나갔네 두달만에 또제사네
내눈내가 찔렀다네 어디가서 말못하네
할수없이 그냥하네 쉬바쉬바 욕나오네
지갑열어 돈냈다네 중노동도 필수라네
제일먼저 두부굽네 이것쯤은 가비얍네

이번에는 나물볶네 네가지나 볶았다네

냄비꺼내 탕끓이네 친정엄마 생각나네

이제부턴 가부좌네 다섯시간 전부치네

부추전은 쉬운거네 스물댓장 구워냈네

배추전은 만만찮네 이것역시 구웠다네

동그랑땡 차례라네 돼지고기 두근이네

김치전도 굽는다네 조카넘이 먹는다네

기름냄새 진동하네 머리카락 뻑뻑하네

허리한번 펴고싶네 한시간만 눕고싶네

그래봤자 알짤없네 입다물고 찌짐굽네

남자들은 티비보네 뒤통수를 째려봤네

주방에다 소리치네 물떠달라 지랄떠네

속으로만 꿍얼대네 같이앉아 놀고싶네

다시한번 가부좌네 음식할게 태산이네

꼬치꿰다 손찔렸네 대일밴드 꼴랑이네

내색않고 음식하네 말했다간 구박이네

꼬치굽고 조기굽네 이게제일 비싸다네

맛대가리 하나없네 씰데없이 비싸다네

남은것은 장난이네 후다다닥 해치우네

제삿상이 펼쳐지네 상다리가 부러지네

밥퍼주고 한숨쉬네 폼빨역시 안난다네
음식장만 내가했네 지네들은 놀았다네
절하는건 지들이네 이내몸은 부엌있네
제사종료 식사하네 다시한번 바쁘다네
이내손은 두개라네 지들손은 졸라많네
그래봤자 내가하네 지들끼리 먹는다네
부침개를 썰어놓네 과일까지 깎아놓네
이제서야 동서오네 낯짝보니 치고싶네
윗사람이 참는다네 안참으면 어쩔거네
손님들이 일어나네 이제서야 간다하네
바리바리 싸준다네 내가한거 다준다네
아까워도 줘야하네 그래야만 착하다네
남자들도 일한다네 병풍걷고 상접었네
무지막지 힘들겠네 에라나쁜 놈들이네
손님가고 방닦았네 기름천지 안닦이네
시계보니 열두시네 내일아침 춘회이네
피곤해서 누웠다네 허리아파 잠안오네
뒤척이다 일어났네 욕할라고 일어났네
다음제사 또온다네 그때역시 똑같다네
짐싸갖고 도망가네 어딜가도 살수있네

아들놈이 엄마찾네 그거보니 못가겠네
망할놈의 제사라네 조상들이 욕하겠네
그렇지만 힘들다네 이거정말 하기싫네
명절되면 죽고싶네 일주일만 죽고싶네
십년동안 이짓했네 사십년은 더남았네

세계에서 가장 한이 많은 민족이 바로 우리들이다. 우리 민족 중에서도 가장 한 많은 부류가 계급으로는 소작농이었고 가정에서는 여자, 그 중에서도 며느리였다. 이런 한이 속담으로 발달하니 '딸은 가을볕에 내보내고 며느리는 봄볕에 내보낸다' '시어머니가 싫으니 시금치도 싫다' '때리는 시어머니보다 말리는 시누이가 더 밉다'가 탄생했고, 서럽게 구박만 받다가 쫓겨나 굶어죽어 '며느리밥풀 꽃의 전설'도 생겼다. 그래서인지 우리나라에서는 여인네들의 한이 다양한 푸념문화 형태로 발전했다. 우물가에서 시어머니 흉보기, 빨랫가에서 시누이 욕하기. 피차 비슷한 처지에 있는 여인들끼리 서로 상대방의 어려움을 들어주는 가운데 자연스럽게 하루하루 살아갈 힘을 얻은 것이다.

한국인을 오랫동안 괴롭혀왔던 한이 지금도 살아남아 한반도를 덮치고 있다. 관료들에게 멍석말이 당하고 딸 빼앗기는 한, 자식들 배 굶기는 한이야 사라졌지만 돈 때문에, 학력 때문에, 직장상사 때문에, 불경기 때문에, 피부트러블 때문에 이런저런 이유 때문에 각양각색의 스트레스가 사람들을 괴롭히고 있다.

옆 사람이 격앙된 목소리로 재수 없는 팔자를 하소연하고 있다면 어떻게 할까? 스트레스를 풀어주는 방법으로 다음 방법들 중 당신이 가장 적절한 방법이라고 생각하는 것은 무엇일까?

1. 조용히 하라고 협박한다.
2. 못 들은 척한다.
3. 상대의 말을 성의 있게 들어준다.
4. 살짝 비웃는다.

머리 좋은 사람들은 눈치를 챘겠지만 객관식 문제에서는 제일 긴 문장이 정답일 확률이 높다. 여기서도 당연 답은 3번이다. 그저 들어주는 것만으로도 충분히 스트레스가 해소되고 상처가 치유된다.

"그려, 맞아, 하모, 그렇지라, 그렇구말구, 아하 그렇구나, 자네 말이 맞아, 그럼그럼."

수다로 푸는 사람 곁에서는 같이 수다를 떨어주자. 술로 푸는 사람 곁에서 같이 한잔 마셔주자. 말없이 우는 사람 곁에서는 같이 '꺼이꺼이' 울어주자. 천국은 입보다 귀가 더 많은 곳이다.

명상을 통해 여유를 얻어라

태풍이나 폭풍우를 벗어날 순 있어도 서두름이란 이름을 가진 악마로부터 벗어나기 너무 힘들다.

-무명씨

중국에서 있었던 일이다. 중국은 워낙 자전거를 많이 타고 다녀서 보통은 장사하는 집 앞의 담벼락에 사람들이 자전거를 주차하고 출근을 하는데, 이게 너무 심하더라는 것이다. 집주인은 자신의 담벼락에 자전거를 주차하지 말라고 하는 온갖 경고문을 다 써봤다. 부탁하는 글을 붙여보기도 하고, 협박하는 글도 붙여보았으나 소용이 없었다. 어느 날, 무심히 촛불을 바라보는 순간 번뜩하는 아이디어가 생각났다. 그리고 그날로 모든 자전거가 자취를 감추었다.

"자전거 공짜로 드립니다. 아무거나 가져가십시오."

모닥불이나 촛불 속에는 우리 마음 깊은 곳과 통하는 무엇이 있나 보다. 때로 복잡한 문명사회에서 탈출하고 싶은 욕망이 불끈불끈 생겨난다. 수백, 수천 년 전부터 지친 심신을 달래려 선각자들은 산이나 사막으로 명상 여행을 떠났다. 지금도 히말라야 산 곳곳에 성자들이 깨달음을 얻기 위해 바위 동굴 속이나, 눈 위에서 진리를 찾고 있다.

명상은 현대인들의 지친 심신을 회복시켜주는 좋은 방법이다. 그리 어렵지 않고 다양한 방법들이 있어 자기에 맞는 것을 고르면 된다. 촛불을 켜놓고 계속 주시하는 것도 한 방법이다. 촛불을 응시하다 보면 이런저런 생각이 떠오른다. 떠오르는 생각들을 일부러 막을 필요는 없다. 그저 '촛불, 촛불' 하고 마음속으로 소리를 내면 잡생각이 저절로 물러간다. 자신의 들숨, 날숨에 집중하는 것도 좋은 방법이다. 아니면 스님들이 화두를 놓고 정진하듯 자신에게 의미 있는 한 단어(예를 들면 다이어트, 평화, 건강, 싱싱)를 계속 부르는 방법도 있다. 촛불이 주는 특유의 신비적인 느낌을 맛보며 명상하는 것도 좋은 방법이 될 수 있다.

그 외에도 칸트가 좋아했던 산책 명상, 사물놀이 반주에 맞춘 진동 명상(서서 힘을 빼고 아래 위로 높을 흔든다), 소림사 무술에 나오는 폭포수 명상, 신을 부르는 기도 명상, 장을 쉬게 하는 금식 명상 등이 있다. 그 외에도 목욕, 운전, 잠, 그림 그리기, 영화 감상 등이 모두 명상에 해당한다.

내가 즐겨 하는 명상도 몇 가지 있다. 가장 좋아하는 것이 운전 명상이다. 운전을 하다 보면 머리가 맑아지고 갑자기 아이디어가 떠오른다. 특히 고속도로 운전 중에는 더욱 머리가 비워진다. 갑자기 재미있는 유머가 만들어지기도 한다.

산책 명상도 좋다. 시간 날 때 공원의 호수를 벗 삼아 한 바퀴 돌다 보면 머리가 하얗게 비는 느낌이다. 겨울에는 러닝머신 위에서 걷는데 이곳 역시 명상의 기운이 높은 곳이다.

나에게는 설거지 명상도 있다. 빨간 고무장갑을 끼고 밥그릇, 국그릇을 모은다. 폭포수 같은 물로 1차 찌꺼기를 걷어낼 때부터 이미 내 마음은 박하사탕을 입에 문 것처럼 상쾌해진다. 주방세제로 앞뒤를 골고루, 구석구석 돌려 닦은 후 최종적으로 샤워를 시킨다. 반들반들, 빠득빠득한 그놈들을 원위치시키고 싱크대를 청소하면 모든 게 끝나고 더 할 것 없나 아쉬운 마음마저 든다. 그릇의 오물이 사라질 때 내 마음속 오물도 사라지고 그릇에 광이 날 때 내 마음도 광이 난다. 아내는 내가 자기를 아끼는 마음에서 일부러 해주는 줄 알지만 사실은 내 마음의 깊은 평안함을 얻기 위해 설거지를 한다.

명상은 우리의 삶을 풍요롭게, 아이디어가 넘치게 여유롭게 만든다. 명상을 통해 생활에서 '3초의 여유'를 얻는다면 우리의 삶이 어떻게 변할까?

1. 엘리베이터를 탔을 때 닫는 스위치를 누르기 전에 3초만 기다리자. 정말 바쁜 누군가가 오고 있을지도 모른다.

2. 출발 신호로 바뀌었는데 앞차가 출발하지 않아도 불평하지 말고 3초만 기다리자. 그 사람은 인생의 중요한 기로에서 갈등하고 있는지 모른다.

3. 내 차 앞으로 끼어드는 차가 있으면 3초만 기다려주자. 차 안에 아픈 사람이 타고 있는지도 모른다.

4. 친구와 헤어질 때 그의 뒷모습을 3초만 보고 있어 주자. 혹시 뒤돌아봤을 때 웃어줄 수 있게.

5. 길을 가다 혹은 뉴스에서 불행을 맞이한 사람을 보면 잠시 눈을 감고 3초만 그들을 위해 기도하자. 언젠가는 그들이 나를 위해 기꺼이 그렇게 할지 모른다.

6. 정말 화가 나서 참을 수 없을 때라도 3초만 고개를 들어 하늘을 보자. 내가 화낼 일이 보잘것없지는 않은가.

7. 차창으로 고개를 내밀다 한 아이와 눈이 마주쳤을 때 3초만 손을 흔들어주자. 그 아이가 크면 분명히 내 아이에게도 그리할 것이다.

8. 죄 짓고 감옥 가는 사람을 보면 욕하기 전에 3초만 말없이 웃

어주자. 내가 그 사람의 환경이었다면 어떻게 되었을까?

9. 아이가 잘못을 저질러 울상을 하고 있을 때 3초만 말없이 웃어 주자. 아이는 잘못을 뉘우치며, 내 품으로 달려올지도 모른다.

명상은 우리에게 휴식을 준다. 과로, 과음, 과민 등으로 지친 몸과 마음이 쉴 수 있는 좋은 시간이다. 스트레스 해소에도 효능은 크다.

나의 일상도 매일 사람을 웃기는 게 일이 되다 보니 한편으로는 신나고 기쁘지만 때로는 왠지 허전한 마음이 들기도 한다.

'내가 하는 일이 정말 기쁘고 재미난 것인가? 혹시 내가 사람을 웃기는 기계로 전락한 것은 아닌가? 기계적인 유머기법으로 통조림 같은 웃음을 전하는 건 아닐까? 진정한 내면의 기쁨을 전달하는 유머 강사가 될 수는 없을까? 웃음과 함께 행복, 자유, 평화를 주는 선배 유머리스트같이 되려면 어떻게 해야 할까?' 하는 마음으로 조바심치다가도 잠깐의 명상을 통해 엄청난 마음의 평화를 되찾곤 한다.

명상은 무엇보다 우리에게 통찰력을 가져다준다. 과거에 겪었던 성공, 실패, 각종 체험, 만남, 교육, 감동, 정보, 독서, 분노, 놀람 등의 정보가 명상이란 과정을 통해 정리되고 재배치되면서 나의 산 지식으로 거듭나는 것이다. 어떤 이들은 여러 가지 삶의 체험이 그저 과거의 경험만으로 끝날 뿐 그것으로 자신을 성장시키지 못한다. 그러니 입에서 매일 불평불만이 나오게 된다.

　명상을 하는 사람들은 하나도 버리는 것이 없다. 과거의 모든 순간, 모든 포착물들이 마치 비료와 같이 자신을 성장시키는 생산적인 것으로 화化한다. 쓰레기가 그대로 있으면 악취를 풍기지만 재활용 기계를 통과하면 귀한 자원이 되는 것과 같은 이치다. 명상은 우리의 삶을 정화시켜 주고 기쁨을 가져다주는 재활용 기계와도 같다.

나이는 자랑이요,
주름살은 훈장이다

나이란 성숙해지기 위해서 치르는 비싼 대가.　　－톰 스토파드

지하철 경로석에 앉아 있던 아가씨가 할아버지가 타는 것을 보고 눈을 감고 자는 척했다. 깐깐하게 생긴 할아버지는 아가씨의 어깨를 치면서 말했다.

"아가씨, 여기는 노약자와 장애인 지정석이라는 거 몰라?"

"저도 돈 내고 탔는데 왜 그러세요?"

아가씨가 신경질적으로 말하자 할아버지가 얼른 되받았다.

"이봐, 여긴 돈 안 내고 타는 사람이 앉는 자리야."

여기서 우린 돈 없어도 당당한 할아버지의 모습을 본다. 게다가

68

핵심을 꼭 집어내 상대의 입을 막아버리는 예리함까지 엿본다.

나이는 훈장이고 주름은 계급장이다. 경력을 쌓은 노군인들이 가슴에 훈장을 주렁주렁 달고, 승진할수록 군인들의 계급이 더욱 화려해지듯 나이 먹는 것은 자랑이요, 보람이다.

사실 나이 먹어서 좋은 건 한두 가지가 아니다.

우선 지식이 쌓이고 지혜가 많아진다. 대인관계가 부드러워지고 인생의 참뜻을 알게 된다. 한 가지 부족한 게 있다면 체력이 떨어진다는 것이다. 하지만 그것도 생각하기 나름이다.

'아, 마흔 넘으니까 몸이 확실히 다른데.'

'오십 넘으니까 안 아픈 데가 없어.'

'예순 넘으니까 이제 보약도 안 들어.'

'일흔 넘으니까 이젠 숨 쉬는 것도 힘들어.'

젊은이들은 힘이 있다. 기운차다. 밤을 새워도 끄떡없다.

반면 노인이 되면 뼈도 근육도 약해지고 피부도 탄력이 떨어진다. 청춘예찬이요, 노년한숨이다. 그러나 '유머형 인간'들은 늙었어도 활기차게 웃는다.

"늙는다는 게 뭐가 어때서? 만약 태어나자마자 일흔이 되었다고 하면 억울하지. 하지만 10대, 20대, 30대 다 겪으면서 숨바꼭질, 연날리기, 물레방아 놀 것 다 놀았잖아. 요즘 학생들 컴퓨터 앞에서 의미 없이 게임하는 것이 무엇이 부럽냐고. 그리고 20대 그놈들이 일흔까지 살란 보장 있나? 그래도 우린 이 나이까지 살아 남았잖아. 하하하.”

윈스턴 처칠이 정계 은퇴를 하고 80세가 넘은 나이로 한 파티에 참석했을 때의 일이다. 어느 부인이 반가움을 표시하면서 그에게 이런 짓궂은 질문을 했다.

“어머, 총리님. ‘남대문’이 열렸어요. 어떻게 해결하실 거죠?”

“굳이 해결하지 않아도 별 문제가 없을 겁니다. 이미 ‘죽은 새’는 새장 문이 열렸어도 밖으로 나올 수가 없으니까요.”

처칠은 조크를 통해서 위기를 모면했을 뿐만 아니라 많은 사람들로 하여금 폭소를 자아내게 했다.

현대건설 플랜트사업본부의 김안남 전문위원은 발전시설 시운전 전문가다. 은퇴 후에, 일감은 폭주하는데 경력자가 부족해지자 다시 회사의 부름을 받았다. 자식들이 환갑도 넘기셨으니 좀 쉬시라고 아무리 말려도 “그렇겐 못해, 해외여행 다니며 돈을 쓰는 사람이 있으면 한쪽에서는 외화를 벌어들이는 사람도 있어야지” 하고 말하곤 했다.

우리 어머니도 하루 종일 일을 찾아서 하신다. 자식들이 “허리 아프신데 좀 쉬세요” 하고 말려보지만 “아이구, 허리야” 하면서도

하루 종일 일을 놓지 않으신다. 어르신들의 이런 부지런함이 한국의 GNP 2만 달러 시대를 열게 한 것이다. 이런 어르신들을 두었다는 게 지금 젊은이들의 축복이다.

가을 설악에 오르니 "과연, 과연!" 하고 감탄사밖에 안 나온다. 노랑과 빨강의 거대한 수채화가 방문객을 압도한다. 과학적으로 보면 단풍은 사실 용도 폐기된 잎이라는 단순한 증거에 불과하다고 말할 사람이 있을지 몰라도, 내 눈에 비치는 그 모습은 가슴을 울렁거리게 만들고 눈이 부시다. 그 노랑, 빨강 이파리가 계곡물에 떨어져, 여름보다 물이 줄어 초라해질 수 있는 계곡을 화려하게 변신시켰다. 나이 먹은 잎과 나이 먹은 바위는 오히려 더욱 아름답다.

겨울 태백 정상 부근에는 주목이 있는데 살아 천년, 죽어 천년이란 말 그대로 비록 탄소동화작용도 물관의 작동도 다 멈춘 신세지만 그 멋과 품위는 젊은 시절의 그것을 압도한다. 생각하기에 따라 이렇듯 나이 먹는다는 것은 축복으로 다가온다.

"나이를 먹어 좋은 일이 많습니다. 조금 무뎌졌고 조금 더 너그러워질 수 있으며 조금 더 기다릴 수 있습니다. 무엇보다 저 자신에게 그렇습니다. 이젠, 사람이 그럴 수도 있지, 하고 말하려고 노력하게 됩니다. 고통이 와도 언젠가는, 실사 조금 오래 걸려도, 그것이 지나갈 것임을 알게 되었습니다. 내가 틀릴 수도 있다고 분명히

득 생각하게 됩니다. 사랑이라는 이름으로 학대가 일어날 수도 있고, 비겁한 위인과 순결한 배반자가 있다는 것도 알게 되었습니다. 사랑한다고 꼭 그대를 내 곁에 두고 있어야 하는 것이 아니라는 것도 알게 되었습니다."

— 공지영의 《빗방울처럼 나는 혼자였다》 중에서(황금나침반)

자는 게 남는 거다

내일 일을 위하여 염려하지 말라. 내일 일은 내일 염려할 것
이요, 한 날 괴로움은 그날에 족하니라.   -마태복음 6:34

한 청년이 짝사랑하던 처녀의 옷을 벗기고 있었다. 그런데 마지
막 것이 이상하게 벗겨지지 않았다. 땀을 뻘뻘 흘리며 벗기려고 안
간힘을 쓰다가 깨보니 꿈이었다. 청년은 몹시 아쉬워하며 푸념했
다. "키스 먼저 할 걸……."

이런 아쉬운 꿈은 나도 여러 번 꾸었다. 동병상련의 감정이 든다.
그러나 아쉬운 꿈이든 악몽이든 잠 못 자는 사람에 비하면 축복이
다. 아무 데서나 틈만 나면 코를 골고 자는 사람도 있지만 아무리

자려고 애를 써도 말똥말똥 잠이 안 오는 사람들이 있다. 잘 자는 것이야말로 좋은 치아를 가진 것과 더불어 최고의 복이다.

나도 간혹 잠이 오지 않을 때가 있다.

'내일 강의는 경주에서 있구나. 아침 강의에 제대로 도착하려면 새벽 3시에 출발해야 하는데, 그럼 2시에는 일어나야겠군. 자명종이 제대로 울리려나…….' 이런 걱정을 하는 날은 어김없이 잠이 안 온다.

어린 시절에는 늘 잠이 쏟아졌다. 밤에 실컷 자고 또 낮잠 자고. 학교에서 선생님과의 가장 큰 갈등도 바로 이 낮잠 때문에 생겼었다. 특히 점심 먹고 난 후 5교시는 정말 악몽의 순간이었다. 다음 시간이 음악이나 국어라면 좀 나았지만 수학이나 과학이 있는 날이면 졸음이 서해안 밀물처럼 강렬하게 밀려왔다. 이때 "너희들, 졸립구나. 10분만 자고 공부할까?" 하고 말해주는 선생님을 만나면 얼마나 감사하고 고마웠는지 모른다. 하지만 그런 선생님을 만나기란 사막에서 바늘 찾기보다 어려웠다.

대부분의 선생님들은 우리들이 자는 것을 절대로 용납하지 않았다. 조는 학생 벌주는 방법도 여러 가지다. 귀 당기기, 뺨 때리기, 자로 이마 때리기 등등 무지막지한 것도 많았다. 그 중 가장 점잖은 방법이 찬물에 세수하고 오는 것이었다.

그럼에도 불구하고 쏟아지는 잠 속에서 우리는 나름대로 생존전

략을 짰다. 공포 영화보다 아슬아슬하고, 액션 영화보다 스릴 있는 낮잠 작전!

1. 책의 상단과 눈의 높이를 일치시킨다. 선생님의 눈과 책의 상단부와 조는 눈이 정확히 일직선상에 있어야 한다. 열심히 공부하는 자세처럼 위장이 가능하여 완벽히 감시자의 눈을 피할 수 있다는 장점이 있으나 팔과 목 뒤 경추 부분의 통증이 있다는 게 단점이다.

2. 졸면서도 계속 연필로 무언가를 끄적거린다. 무심코 보면 열심히 수업을 듣는 듯한 자세가 된다. 선생님을 감동시킬 수 있는 훌륭한 동작이다. 그러나 이런 범속한 경지에 도달하기 위해서는 뼈를 깎는 연습이 필요하다.

3. 실컷 졸다가도 선생님이 반경 2미터 내에 접근하면 후두둑 잠에서 깬다. 각 과목 선생님들의 다양한 발자국 소리를 파악하는 예리한 청각, 그림자가 접근하는 것을 온몸으로 감지하는 특유의 감각, 다양한 체취와 혼합된 로션 냄새를 정확히 구분하는 후각이 발달되어 있지 않으면 결코 모방할 수 없는 반신반인의 경지다.

4. 아직 3번의 경지에 도달하지 못한 친구들이 주로 사용하는 방법으로 '1분 자고 1분 깨고'를 규칙적으로 끊임없이 반복하

는 방법이다. 가끔 보면 분명히 깨어 있기 때문에 선생님들도 깜빡 속게 된다. 깨어 있을 때는 간혹 질문도 하고 단정한 자세로 수업에 적극 참여하여 절대적인 신뢰를 획득한다.

5. 눈을 뜨고 잔다. 말이 필요 없는 절대 고수의 단계다. 눈과 시신경 그리고 뇌와의 관계를 철저히 단절시킴으로써 세상 사람들과의 차별성을 가진 자들만의 최고 비법이다. 하지만 일반인들이 쉽게 흉내 내다가는 자칫 눈병에 걸릴 위험이 있다.

나는 지금이나 그때나 얼떠서 이 중 어느 것 하나 제대로 해보지 못하고 그저 수업 끝 종소리가 울리면 10분 동안 꿀 같은 잠을 자곤 했다. 한숨 자고 나면 몇 시간이나 잔 것처럼 몸이 개운하게 회복되었던 것이 마치 어제 일처럼 생생하다. 지금은 낮잠 좀 잔다고 해서 누구 하나 야단치는 사람이 없건만 그때만큼 쉽게 잠이 오지 않는다.

낮잠이야말로 최대의 보약이라는 것을 나이 먹으며 절실히 깨닫곤 한다. 강단과 무대에서 열강을 하고 장거리 운전을 하다 보면 쉬 피로해진다. 그렇다고 차를 고속도로 갓길에 세워놓기는 무섭고 해서 핸들을 잡은 상태로 노래를 부르곤 한다. 나훈아의 〈사랑〉부터 김종환의 〈백년의 약속〉을 지나 신화의 〈헤이 컴온〉, 애국가까지 메들리로 불러 제껴도 눈이 슬금슬금 감기는 것이 마치 눈꺼풀에 납덩이 추가 달린 것 같다. 2단계로 팔을 꼬집어 본다. 전혀 소용이 없다. 3단계 돌입. 에어컨을 최강으로 틀어본다. 역시 효과 없다.

그야말로 잠과의 치열한 전쟁이다. 그러기를 몇 번 반복하니 저만큼 휴게실 안내판이 보인다. 이때 잠깐 눈을 붙이면 그야말로 잠이 꿀맛이다. 연수원이나 호텔 소파에서 잠깐 눈 붙이는 것도 그에 못지않다. 건강에 낮잠보다 더 좋은 보약은 없다.

이때 반드시 지켜야 할 아주 중요한 원리가 있다. 마음과 표정을 정리해야 한다는 것이다. 일그러진 얼굴, 부정적 생각과 함께 잠이 들면 악몽을 꾸게 된다. 자고 일어나도 영 개운치가 않다.

최고의 수면 시간을 가지려면 눈을 붙이기 전에 스스로 최면을 걸어보라. '난 행복해! 오늘 최선을 다했잖아' 하고 입력을 시키면 저절로 미소가 지어지며 입꼬리가 올라가고 스르르 잠에 빠진다. 이것이야말로 복잠이다. 자고 일어나면 개운하고 힘을 얻는 잠이다. 웃으며 잠이 들었기에 꿈도 최하 돼지꿈이나 용꿈을 꾸게 된다.

웃음의 또 하나의 비밀, 웃음은 최고의 수면제!

유머와 웃음으로 건강을 지켜라

그대의 마음을 웃음과 기쁨으로 감싸라. 그러면 1천 해로움
을 막아주고 생명을 연장시켜 줄 것이다.
  −윌리엄 셰익스피어

인표는 술과 담배를 멀리했는데 63세에 죽었고, 주은래는 술을
즐기고 담배를 멀리했는데도 73세에 죽었다. 모택동은 술은 멀리
했지만 담배를 즐겼는데 83세까지 살았고, 등소평은 술을 즐기고
담배도 즐겼는데 무려 93세까지 살았다. 특히 장개석 군대의 부사
령관을 지낸 장학량은 술과 담배와 여색을 모두 가까이 했는데도
103세까지 살았다.

128세나 된 중국 최고령의 노파를 인민일보 기자가 만나 물었다.

"할머니, 장수 비결이 됩니까?"

"담배는 건강에 나빠! 피우지 마. 그래서 나도 5년 전에 끊었단 말야."

최고령 할머니가 해주시는 말씀이라 그런지 담배 피우지 말라는 한마디가 심금을 울린다. 성공하려면 건강해야 한다. 행복하려면 건강해야 한다. 사업 잘하려면 건강해야 한다. 운동 잘하려면, 공부 잘하려면, 노래 잘 부르려면, 밤이 즐거우려면, 여행 신나게 하려면, 그 외 수많은 인생의 빛나는 일을 하려면 예외 없이 건강이 필수다.

건강을 위해 머릿속에 새길 만한 격언이 있다.

'닦고 조이고 기름치자!'

택시 회사나 버스 회사 등에 가면 흔히 볼 수 있는 표어다. 깨끗하게 비누칠, 왁스칠, 물질, 걸레질하여 닦고 스패너, 드라이버 등으로 풀린 곳을 단단히 조이고, 말라 비틀어져 뻑뻑해진 부위에 엔진오일, 미숀 오일 등의 기름을 치자는 내용이다. 한마디로 자동차의 수명을 연장하기 위해 운전자나 정비사가 해야 할 기본 수칙이다.

누구나 장수를 원한다. 의학의 역사는 곧 수명 연장의 역사다. 의학자는 물론이요, 많은 철학자나 정치학자 사회학자들도 인간의 수명 연장에 대해 관심이 많았다.

그들의 학설 중 대표적인 것을 소개하자면 이렇다.

"먼저 공기가 중요하다. 맑은 공기를 마셔라. 오염된 공기가 폐를 망가뜨린다. 담배도 끊어라. 이산화탄소 배출량을 줄여라."

약수물, 생수, 지하수, 육각수, 이온수, 이 물 저 물에 관한 물 박사들도 많다. 물에 대해서는 의견이 다 분분하다. "수돗물도 좋다, 빙하를 수입해 깨뜨려 먹자, 정수기 물이 더 먹을 만하다."

"장수를 위해선 식습관을 바꾸어야 한다, 생식이 중요하다. 일본 사람들처럼 소식小食을 하라. 육식을 줄여라, 유정란을 먹고 유기농으로 바꾸자."

"가장 중요한 것은 신나게 사는 것이다. 스트레스야말로 만병의 근원이다."

"운동이 중요하다. 뛰기, 걷기, 골프, 등산……."

가만히 귀 기울여 들어보니 다 맞는 말이다. 수명 연장을 위해서 할 수 있는 것부터 해보자.

도시 사람이라면 일주일에 하루 이틀이라도 산을 오르는 것이 좋다. 밤마다 운동장이나 호수 주변을 수 킬로미터씩 뛰는 마라톤족들이 늘어나고 있다. 엘리트 체육만 관심 가질 것이 아니라 동네 스포츠가 활성화될 수 있도록 자치단체와 국가는 신경을 써야 한다. 이 세상에 노력 없이 이룰 수 있는 것은 아무것도 없다. 장수 철학과 장수 마인드가 있어야 오래 살 수 있다.

그런데 건강에 가장 기본이 되는 것은 무엇일까?

바로 유머와 웃음이다. 공포, 불안, 분노 등 각종 스트레스는 우리 몸의 면역기능, 순환기능 등을 모두 망가뜨리고 마비시킨다. 현대인에게 스트레스만큼 무서운 건 없다. 과거에 공포의 대상이었던 호환, 마마, 산적, 굶주림 이상의 고통을 주고 있다. 이 무서운 스트레스를 아무것도 아닌 것으로 만드는 천적이 바로 유머다. 하이에나가 천적인 사자만 보면 벌벌 떠는 것처럼 스트레스란 놈은 유머와 웃음 앞에만 서면 양은냄비처럼 찌그러지고 담배연기처럼 순식간에 사라져버린다.

실천이 그리 어렵지도 않다.

오늘 스트레스를 받은 횟수만큼 웃어버리면 된다.

'오늘 세 번 스트레스 받았군. 그래, 세 번 웃어버리자!'

'오늘은 다섯 번이나 열 받았어! 다섯 번은 웃어야겠다. 그래, 김 대리와 한잔 하면 다섯 번, 아니 열 번은 웃을 수 있을 거야.'

하하하하! 유머와 웃음이 있다면 건강은 문제가 없다.

유머는 위기를
두려워하지 않는다

위기를 기회로 바꾸는 유머

모든 위기에는 양면성이 있다. 부정적인 면과 긍정적인 면이다.
부정적인 면만 보고 상처받고 좌절하면 절대로 성공자의 반열에 끼지 못한다.
반면 유머와 웃음은 그 숨겨져 있는 긍정적 측면을 바라보게 만든다.

위기를 기회로 바꿔라

행복의 문 하나가 닫히면 다른 문들이 열린다. —헬렌 켈러

하루는 예수에게 대적자들이 찾아왔다. 세금 문제로 예수를 궁지에 몰려고 한 것이다.

"예수님, 이 동전을 세금으로 바쳐야 할까요, 바치지 말아야 할까요?"

당시 이스라엘은 로마의 식민통치하에 있었기에 세금을 안 내면 실정법 위반이었다. 그렇다고 예수가 사람들에게 세금을 내라고 하면 꼼짝없이 매국노로 몰릴 판이었다.

예수가 말했다.

"거기에 무엇이 그려져 있는가?"

"물론 가이사(로마 황제 시저)의 얼굴입지요."

"그렇다면 가이사의 것은 가이사에게 바치게나."

예수는 순간적 기지를 발휘해 위기를 빠져나간 것은 물론이고 애국자라는 칭송과 실정법 준수라는 두 마리 토끼를 다 잡을 수 있었다.

살다 보면 우리는 수많은 위기를 맞는다. 일반인들은 위기를 통해 실패를 하게 되고 좌절을 한다. 그러나 유머형 인간은 위기를 통해 오히려 더 큰 이익을 본다.

수년 전 일본의 아오모리 현에는 큰 태풍이 몰아닥쳤다. 마침 사과를 수확할 철이 다가오고 있었는데 태풍으로 인한 손해가 이만저만이 아니었다. 농민들이 모두 망연자실해 하며 하늘만 바라보고 있을 때 한 농부는 떨어진 사과보다 남아 있는 사과를 어떻게 팔 것인가를 궁리하고 있었다. 그리고 어느 순간, 미소를 지으며 무릎을 쳤다.

그는 곧 마을 사람들과 〈사과 판매 촉진 위원회〉를 발족시키고 선물 상자마다 '초속 53.9미터의 강풍에도 절대 떨어지지 않은 사과'라고 써서 대학 입시 합격 기원의 부적으로 판매에 나섰다. 일명 '행운의 사과'의 탄생이었다. 수험생을 둔 집에서는 앞다투어 이 사과를 찾았다. 성공! 성공! 대성공이었다.

이런 사고의 유연함은 어디에서 나왔을까? 많은 경험과 독서량, 박식함에서 나온 것일까? 나는 웃음이 정답이라고 생각한다. 어떤 상황에서도 여유 있게 웃을 수 있는 습관이 만들어진 사람들은 이러한 상황 전환에 익숙하다. 유머의 한 장르인 위트가 바로 이러한 구조를 가지고 있기 때문이다.

한국 박물관협회 회장이며 삼성출판사를 운영하는 김종규 회장도 이런 위트 능력이 뛰어난 사람이다. 그와 동행하여 창원에 갔을 때, 출판사 영업부 직원들에게 내가 강의를 하게 되었다. 김 회장이 직접 강사 소개를 하려는데 갑자기 스피커에서 '삐익' 하는 찢어질 듯한 소음이 새어나왔다. 순간, 그분은 빙그레 웃더니 "높은 사람 나온다고 예포가 터지나 봅니다" 하고 말했다. 그 한 마디에 긴장했던 강사도 웃고 청중도 웃었다. 그 순간에 벌컥 신경질을 냈다든가 경직된 얼굴로 앰프 조절을 잘못한 사람을 꾸짖었다면 내 강의도 어색하게 시작되었을 것이다. 김 회장의 순간적인 기지가 강의를 망칠 뻔한 위기를 모면하게 한 것이다.

정재관 전前 코엑스 대표이사의 일화도 이와 유사하다. 코엑스 사장 공모에 응한 자리에는 전前 주한미국상공회의소 회장인 제프리 존스와 유수 기업의 대표 등 쟁쟁한 면접관들이 앉아 있었다.

면접관 : 현대종합상사라는 큰 곳에서 근무한 분이 코엑스같이

조그만 곳에서 근무할 수 있겠습니까?

　정 : 스몰 이즈 뷰티풀.

　면접관 : (박장대소)

　능력이 안 되는 사람이 큰 직위를 차지하는 것도 문제지만 큰 직위를 가졌던 사람이 작은 회사로 오는 것도 피차 부담이 될 수 있다. 저 사람이 이렇게 작은 회사에서 과연 신명나게 일하겠는가? 우리 규모에 비해 안 어울리는 사람 아닌가? 이런 부정적 인식이 충분히 있을 수 있다. 그러나 위트 있는 이 한마디가 모든 걱정을 날려 보냈다. 훗날 이 이야기를 전해들은 코엑스 직원들이 대표이사에게 흔쾌히 마음을 열었음은 물론이다.

　한 번은 포니를 출품한 밀라노 모터쇼에서 유럽 기자들이 정세영 회장에게 짓궂은 질문을 던졌다.

　기자 : 조랑말pony 이 사람을 태우는 건 문제가 있지 않습니까?

　정세영 : 그게 어때서? 사람이 조랑말을 태우는 것도 아닌데!

　정 회장의 여유 있는 대답으로 기자회견장은 폭소로 가득 찼고 기자들은 앞다투어 그 유머와 함께 포니에 대한 찬사를 담은 기사를 신문사로 보냈다. '포니의 기적' 뒤에는 유머도 단단히 한몫했던 것이다.

　모든 위기에는 양면성이 있다. 부정적인 면과 긍정적인 면이다. 부정적인 면만 보고 상처받고 좌절하면 절대로 성공자의 반열에 끼지 못한다. 반면 유머와 웃음은 그 숨겨져 있는 긍정적 측면을 바라보게 한다. 위기를 기회로 만드는 능력, 유머가 바로 그 열쇠다.

큰 실수는 큰 성공의 밑거름

항구에 정박해 있는 배는 안전하다. 그러나 배는 항구에 묶어두려고 만든 것이 아니다.

-존 A. 셰드

어느 목사가 설교 중 큰 실수를 하고 말았다.

"니고데모는 신분이 세리였고 키가 작았습니다. 그런데 그는 예수님을 몹시 보고 싶어 했습니다."

설교를 듣던 성도들이 수군거리기 시작했다. 목사는 설교가 은혜가 있어 그런 줄 알고 더 큰 소리로 설교했다.

"그때 예수님이 니고데모가 사는 동네에 오셨습니다. 니고데모는 예수님이 보고 싶어 나아갔으나 키가 작아 뽕나무 위로 올라갔습니다."

설교가 이쯤 되자 성도들이 "와" 하고 웃어버렸다. 목사는 그때서야 자신이 실수한 것을 깨닫게 되었다.

당황스러워 하던 목사는 순간 재치를 발휘했다.

"그때 삭개오가 나타나 이렇게 외쳤습니다. 야, 그 자리는 내 자리야. 빨리 내려와."

성서에 보면 키가 작고 예수를 보러 나무에 올라간 사람은 삭개오다. 청중의 웃음에서 실수를 깨닫고 순간적으로 재치 있게 위기를 넘긴 목사의 유머 센스가 돋보인다. 청중들의 웃음도 생각해 볼 일이다. 평소 근엄하기만 한 목사였다면 청중들은 도저히 웃을 용기가 나지 않았을 것이다. 항상 자신의 실수를 솔직히 인정하고 유머를 좋아하는 목회자와 청중의 관계였기에 폭소가 터진 것이다. 실수가 오히려 설교를 더 멋지게 만들었다.

이렇게 허구한 날 실수 잘하는 사람들이 있다.

책가방을 메고 나갔다가도 허겁지겁 돌아와서는 "엄마! 숙제 안 가지고 갔어. 빨리 줘!" 하기가 일쑤다. 이런 사람들은 나이 먹어서도 똑같다. 차 몰고 나갔다가는 동구 밖에서 다시 되돌려 집에 들어와 소리친다. "여보, 지갑을 놓고 갔어, 빨리 챙겨줘!"

이 사람이 바로 이 책을 쓰는 저자 김진배다. 얼마 전, 중부고속도로 곤지암 IC로 빠져야지 하면서 '곤지암 곤지암' 중얼거리다

가도 곧바로 딴생각에 빠져들었다.

'곤지암은 소머리국밥이 유명하지. 거기서 조금 더 가면 이천쌀밥도 맛있고. 하여튼 대한민국에는 식당도 많아. 하긴 사람이 먹어야 사니까 식당이 많을 수밖에. 식당은 역시 손님 많은 데로 가야돼. 간판만 그럴싸하고 맛없는 식당들이 좀 많아야지.'

이러다가 곤지암 IC를 지나치고 말았다. 서이천 IC에 다 가서야 '아차' 정신이 든다. 가까스로 서이천으로 들어가 차를 돌려 다시 곤지암까지 내달려 간 적이 있다. 그래도 강의에 지각은 하지 않았다. 스스로의 멍청함을 아는 까닭에 항상 예비시간 30분을 배치해둔 덕분이다.

하기사 나의 멍청함은 모교도 바꿔버릴 정도였으니 역사가 꽤 깊다. 초등학교 시절 옆 동네에 새로운 초등학교가 생겼다. 선생님이 새 학교로 옮길 학생 이름을 불러주었다.

"누구, 누구, 누구 아무개! 이상 호명된 학생들은 월요일부터 그 학교로 가도록. 알았나?"

"네!"

집에 와서 생각하니 이름이 불려진 학생들이 전학생인지 안 불려진 학생들이 전학생인지가 헷갈렸다.

드디어 월요일이 왔다. 에라, 모르겠다 하고 나는 그냥 새 학교로 가고 말았다. 당시만 해도 전산화가 잘 안 된 때라 따로 확인하는 사

람도 없었다. 내 학교려니 생각하고 학교에 다닌 지 한 달 후, 학교에서 먼저 집으로 연락이 왔다.

"김진배 어린이가 한 달 동안 장기 결석이니 어쩐 일입니까?"

깜짝 놀란 어머니가 학교에 가서 정황을 알아보았다. 결과는 가만히 있어야 할 내가 엉뚱한 새 학교로 간 것이었다. 그러나 이제 와서 다시 원위치하기보다는 친구도 사귀었을 테니 그냥 놔두라는 학교 측의 배려 덕에 그대로 다니게 되었다.

그때 그런 실수를 안 했다면 내 인생은 어떻게 되었을까? 아마 동창회 나가서 '비가 오나 눈이 오나 기나긴 날을 같이 웃고 같이 노오는 배움의 도용무~' 교가를 부르며 눈물짓는 일은 없었을 것이다. 대신 '북극성은 하늘나라 등대입니다~'라는 원래 학교의 교가를 부르고 있을 것이다.

실수를 밥 먹듯 하는 사람들은 이렇게 힘든 인생을 산다. 한 번 해도 될 일을 두 번 해야 하고 한 시간에 끝낼 일이 두 시간 걸리기 일쑤다.

반면 매사에 자로 잰 듯 정확한 사람들이 있다. 이런 사람들에게는 사람 이름을 잘못 부르는 경우도 없고 한석봉 어머니가 캄캄한 밤에 정확하게 떡을 썰 듯 빈틈이 없다. 누군가에게 실수하는 경우가 없으니 비난받고 손가락질 받을 일도 별로 없다. 군대에서 고문관 소리도 듣지 않고 사회에서 멍청하다는 소리도 듣지 않는다.

이렇게 보면 실수하는 게 손해이고 한심하고 나쁜 것 같다. 하지만 어차피 바꾸라고 해도 잘 바뀌지 않는 게 습관이다. 당신의 습관을 차라리 재구성해 보자.

실수가 꼭 나쁜 것일까? 이 세상 사람들이 전혀 실수를 하지 않는다면 무슨 일이 벌어질까? 아마 그런 세상에서는 심심해서 못 살 것이다. 왕왕 실수하는 사람도 있어야 웃는데 웃을 일이 없게 된다. 유머와 웃음이 없는 세상에서 어찌 살란 말인가? 아마 연극도, 영화도, 드라마도, 소설도 무척 재미없어지리라. 당신이 자주 실수를 한다면 당신은 이 사회의 유머와 웃음의 존재를 유지하기 위해 거룩한 희생을 한 것이라고 보면 된다.

실수는 어찌 보면 대단히 위대한 것이다.

간디가 기차를 타다가 그만 신발 한 짝이 밖에 떨어지고 말았다. 기차가 출발하자 간디는 황급히 남은 신발 한 짝마저 벗어 창밖으로 던지는 게 아닌가.

놀란 제자들이 물었다.

"왜 신발을 버리십니까?"

"한 사람이라도 제대로 신어야 할 것 아닌가."

간디의 실수 덕분에 가난한 인도인 한 사람은 신발 한 켤레를 얻게 되었을 것이다.

어제도 실수하더니 오늘도 또 실수하는 당신!

괜찮다.

마음껏 실수를 즐기는 것도 세상을 살아가는 한 방법이다.

실패 클럽을 만들자

전혀 실패하지 않는다는 것은 당신이 언제나 안이하게만 살고 있다는 증거다.

-우디 앨런

  한 마을에 미모의 여대생이 살고 있었다. 마을의 청년들은 모두 그 여대생과 사귀고 싶어서 한 번씩 접근해 봤지만 그때마다 번번이 딱지를 맞았다. 그러자 한 청년이 "내가 반드시 그 여자와 뽀뽀를 하고 오겠다!"며 자신만만하게 도전했다.

  이튿날부터 청년의 작전은 시작됐다. 그는 매일 밤 12시에 그녀의 방 창문을 두드리면서 큰 소리로 "뽀뽀!" 하고 외치고는 도망쳤다. 그러기를 한 달, 청년은 친구들에게 "드디어 그녀와 뽀뽀했다"고 자랑을 했다. 증거를 대보라는 친구들을 데리고 청년은 여대생의 집 앞으로 갔다. 청년은 그녀의 방 창문을 두드린 뒤 이번에는 도망가지 않았고 가만히 서 있었다.

잠시 뒤 창문이 확 열리면서 그녀가 고개를 내밀고 소리쳤다.

"야, 너 또 '뽀뽀' 하려고 왔지?"

실제 입맞춤은 실패였지만 친구들에게 이 청년은 성공한 '영웅'으로 기억될 테니 절반의 성공을 이룬 셈이다.

사람들에게 물어보라.

"당신 성공하고 싶어요, 실패하고 싶어요?"

틀림없이 우문愚問이다.

누구나 실패보다는 성공을 원한다.

그러나 우리는 성공의 기억보다 실패의 기억을 더 많이 가지고 있다. 평균적으로 성공과 실패는 1 대 9, 잘해야 2 대 8 정도로 발생한다. 물론 인생에서 성공만 계속 이어지는 사람도 없지는 않겠으나 그런 경우는 극히 드물다.

나 역시 무수한 실패의 경험을 가지고 있다. 대학 시험 실패, 프러포즈 실패, 복권 당첨 실패, 강동구 구청장배 배드민턴 금메달 도전 실패, 올 봄 턱걸이 10회 도전 실패, 그 무수한 실패, 실패, 실패들…… . 실패로 인해 가슴에 남은 충격도 매우 크다. 실패는 언제나 인간에게 많은 후유증을 남긴다. 사람을 만나기가 두려워진다.

'저 친구 또 떨어졌대.'

'박 사장 부도 났다며.'

'미스터 김은 선 볼 때마다 딱지를 맞는다는군.'

사람들의 수근거림이 싫어진다. 사람들을 멀리하게 된다. 고립되고 외로워진다. 또한 스스로 위축된다.

'난 못난 놈이야.'

'난 정말 무능력자야. 남들은 잘났는데 난 왜 이렇게 멍청할까?'

이런 마음은 끊임없는 자학과 자기 저주로 이어져 우울증으로 발전하기도 한다.

실패를 피할 수 있는 길은 무엇인가?

실패가 두려워 어떤 일도 시도하지 않겠다면 그것도 한 방법이다. 일을 벌이지 않는데 실패할 리가 없다. 가능하면 겨울잠을 자는 동물들처럼 복지부동, 움직이지 않는 것이다.

회의 시간에 아무런 말도 하지 않는다. 그저 꿀 먹은 벙어리처럼 잠잠, 졸린 강아지처럼 눈만 멀뚱, 이러면 아무도 일을 시키지 않는다. 그저 봉급만 받고 시간만 때우면 된다. 실제로 많은 사람들이 이렇게 살아가는 것도 사실이다.

하지만 이래서야 어찌 성공을 얻을 수 있겠는가? 아니, 현상 유지도 못하고 조만간 문을 닫거나 사표를 강요받을 것이다.

실패를 피하는 가장 올바른 방법은 실패를 직시하는 것이다. 몇 몇 기업에서는 실패 클럽을 만들어 실패 분석을 시도했다. 실패 체험, 실패 학습, 실패 스터디, 실패 관리, 실패 토론이라는 명칭을 붙여도 무방하다. 한마디로 실패를 고백하고, 공유하며, 토론, 학습하여 교훈을 얻자는 것이다.

이미 수천 년 전부터 유머리스트들은 실패의 경험을 성공과 똑같은 반열로 두고 소중히 여긴다. 자신의 실패마저 웃음의 소재로 삼는 건 흔히 볼 수 있는 일이다. 권위주의, 고정관념이 강한 조직에서는 실패를 언급하는 것조차 터부시한다. 경직된 조직에서 쉬쉬하던 문제가 수십 년 후 크게 터지는 것은 이 때문이다. 특히 실패의 당사자가 고위직일 경우 부하들은 언감생심 입도 뻥긋하지 못한다. 후환이 두렵기 때문이다.

인간은 어차피 실패하는 존재다. 성공하는 사람보다 실패하는 사람이 훨씬 많은 것만 봐도 알 수 있다. 하지만 실패를 했다고 해서 자존심이 상처받을까봐, 손가락질 받을까봐 자기변명을 하는 건 옳지 못하다. 언론이 발달하지 못한 사회주의 국가나 후진국에서는 이런 현상이 자주 일어난다. 하지만 선진국일수록, 개방사회일수록 실패를 자연스럽게 고백하고 선언한다.

'실패 나눔'을 해보자.

적게는 3, 4명에서 많게는 수십 명도 가능하지만 가장 토론이 활발히 이루어지는 적절한 인원은 7, 8명이다. 먼저, 진행자가 그날의 실패 공유 체험에 대한 규칙을 말한다.

"1인당 시간은 10분 이내로 합니다. 이번 축구시합의 패배에 대한 자신의 실패 부분을 말하세요. 단, 인신공격은 할 수 없습니다. 상대의 아픔을 함께하고 존중하는 자세의 의견 제시는 가능합니다. 발표자는 실패의 원인을 말한 후 스스로 그에 대한 대안을 제시해 주시기 바랍니다."

모두 진지하고 숙연한 자세로 돌아가면서 자신의 실패를 발표한다. 청취자들은 진지하게 듣고 솔직한 고백에 대해 격려와 감사의 자세를 표한다. 이에 힘을 얻은 발표자는 더욱 솔직하게 자신의 실패를 발표하게 된다.

나는 대학과 대학원생 시절 중고생 과외를 지도하면서 학생들에게 오직 한 가지만 요구했다.

"30점을 맞아도 좋고 40점을 맞아도 좋다. 하지만 한 번 틀린 문제를 또 틀리면 안 된다. 틀린 문제를 철저히 분석하고 다시 풀어 똑같은 실수를 절대 반복하지 말아라."

학생들은 성적이 상승되는 속도가 처음에는 낮았지만 6개월이 지나면서 급속도로 향상되었다. 기업도 마찬가지다. 실수를 통해 교훈을 얻는 학습 조직이라면 그 실수는 저주와 원망이 아니라 보물단지와도 같다.

청년 시절 세일즈를 하며 중요한 발견을 한 적이 있다. '판매실

적은 실패 횟수에 정비례한다' 는 사실이다. 대개 열 번 방문을 하면 일곱 번은 설명할 기회조차 없이 그 자리에서 거절당한다. 그러니까 10회당 약 3회의 프레젠테이션이 이루어지고 그 중 1회 정도만이 판매에 성공하는 것이다. 90%의 거절 이후에 얻어지는 10%의 성공인 셈이다. 이렇게 해서 대개 20회를 방문하면 2회의 판매가, 30회에서는 3회가 성공된다. 물건을 팔 때도 수많은 실패가 성공을 보장하고 미인을 얻을 때도 무수한 프러포즈의 실패가 성공을 약속한다.

다음은 사모하던 여인의 마음을 얻어낸 한 남자의 고백이다.

"그녀는 무척 예뻤어요. 난 보다시피 옥동자보다 약간 나은 정도구요. 그래서 남들 하는 방법들은 다 썼어요. 꽃다발 선물은 기본이고 그녀의 가족들을 찾아가 내 편으로 만들고, 장보기, 청소하기, 도배하기, 김장 인력 지원 등등 그녀 가정에서 일어나는 모든 일에 자원봉사를 했지요. 이런저런 정공법과 외곽 때리기 전법을 구사했지만 그녀는 돌부처처럼 꿈쩍도 안 하더군요. 전화를 무척 많이 했어요. 2년 동안 비가 오나 눈이 오나 한결같았죠. 하루에 열 번은 핸드폰으로, 또 열 번은 그녀의 집으로. 하도 전화를 많이 하니까 하루는 그녀의 언니가 받자마자 전화를 끊지 않고 수화기를 내려 놨어요. 전화벨이 울려대는 것에 지친 모양이에요. 하지만 저도 안 끊고 한 시간 반 동안 꿈쩍 않고 기다렸어요. 그 새 깜박 잊고 한숨

자고 일어난 그녀의 언니가 무심코 수화기를 들었는데 내 목소리를 듣고는 깜짝 놀라더군요. 그날 가족회의가 열렸대요. 엄마 말씀은 '60평생 저런 남자 처음이다' 언니 말씀은 '30평생 저런 정성 처음 본다' 아빠 말씀이 '저 놈은 인간 같지도 않다'였대요. 누적 프러포즈 3,500회의 실패 끝에 결국 내 여자로 만들었습니다."

실패를 실패로 보지 않으면 실패는 반드시 약이 된다.

마음의 장애를 걷어차버려라

태어난다는 것은 신의 섭리요, 선택의 여지가 없는 것. 선택
할 수 있는 것은 오직 어떻게 사느냐 하는 것일 뿐.

- 헨리 워드 비처

일본 외상을 지낸 이누가이는 한쪽 눈이 없는 사람이었다. 어느
날 국회에서 국제 정세를 설명하던 그에게 한 야당의원이 시비를
걸었다.

"외상, 당신은 눈이 한쪽밖에 없지 않소?"

"그렇습니다만……."

"한쪽 눈만 가지고 복잡한 국제정세를 잘도 보시는구려."

이 정도면 정치적 비난이라기보다는 노골적인 인신공격이라고

해야 옳다. 그러나 이누가이는 슬쩍 웃으며 태연히 대꾸했다.

"의원께선 일목요연—目瞭然이란 말을 아십니까?"

눈이 한쪽밖에 없다며 장애를 공격 수단으로 삼는 의원의 야비함보다 오히려 장애를 멋지게 자신의 자랑으로 대응하는 이누가이 외상의 당당함이 돋보인다.

사람을 주눅 들게 하고 우울증에 걸리게 하는 요소는 다양하다. 남들이 무시하거나 성공하지 못했거나 얼굴이 자신 없거나 비만이거나 등등. 그 중에서도 신체의 장애는 단연 사람들을 풀이 죽게 하고 웅크리게 만든다. 몸의 불편함, 남들의 따가운 시선, 학업이나 업무수행의 어려움 등등.

그래서 장애를 딛고 성공한다는 것은 비장애인들의 경우보다 훨씬 어렵다. 남들과의 경쟁 이전에 우선 자신과의 싸움에서 이겨야 하기에. 그러니 장애인으로 성공을 거둔 사람은 더욱 큰 감동을 준다.

얼마 전, 신문을 읽다 가슴이 뭉클해졌다.

"장애 산악인 최강식, 경상대 총학생회장 당선!"

얼마 전 그는 히말라야 크레바스에 추락했으나 선배 산악인 박정헌의 동료애로 인해 살아난바 있다. 후배 최강식이 수천 길 크레바스(빙하가 갈라진 틈)에 빠졌을 때 박정헌 씨는 끝까지 로프를 잡으며 버텨 결국 동상으로 여덟 개의 손가락과 발가락 두 개를 잃었다. 만약 그가 그냥 로프를 놓아버렸다면 어찌 되었을까? 발가락과 손가락은 온전했을 것이다. 얼어 죽을 것 같은 공포, 크레바스에 추락할 것 같은 숨막히는 공포도 느끼지 않았을 것이다. 그런 극한 상황이라면 죄의식도 느끼지 않았을 것이며 그만하면 나름대로 노력은 했다고 자위할 수도 있었을 것이다. 하지만 그는 그렇게 하지 않았다. 구사일생으로 살아난 그는 지금 자전거 타기, 하늘 날기 등 발가락이 없어도 되는 스포츠를 하며 신나는 인생을 살고 있다.

최강식 씨가 박정헌 씨에 의해 살아났다는 기사를 처음 접했을 때, 나는 최강식 씨를 염려했다. 최강식은 아홉 손가락과 열 발가락을 모두 잃은 장애의 상태이기도 했지만 무엇보다 선배에 대한 미안한 마음으로 평생을 죄인처럼 살아가겠거니 하는 마음 때문이었다.

그런데 웬걸, 총학생회장 선거에 나서 개그와 마술까지 선보이며 당선되었다니 허허 거 참, 허를 찔린 기분이었다. 나는 최강식 씨를 마구 칭찬하고 싶다. 장애의 감정은 훌훌 집어던지고 영양가 없는 죄의식도 과감히 휴지통에 던져버린 채 산사나이답게 신나고 재미있게 살아가는 모습이라니. 왼손 엄지 겨우 하나 남았지만 그걸로 맥주잔도 들고 문자 메시지도 보내고 인생에 불편한 게 아무것도 없단다.

누구에게나 크고 작은 장애가 한 가지씩은 있다. 신체 장애 외에도 돈 장애, 집안 장애 등등 따져보면 장애가 넘쳐난다. 하지만 가장 큰 장애는 마음의 장애다.

힘들면 웃어버려라. 마음의 장애를 차버려라.

유머형 인간에게 장애는 그저 장애물 넘기를 재미있게 하기 위한 하나의 과정일 뿐이다.

스트레스야, 놀자

상처 입은 굴이 진주를 만든다.
　　　　　　　　　　　　　　　　　-랄프 왈도 에머슨

어떤 목사가 설교 도중 질문을 했다.

"세상에서 가장 차가운 바다는 '썰렁해' 입니다. 그럼 세상에서 가장 따뜻한 바다는 어디일까요?"

성도들은 머뭇거리자 목사가 말했다.

" '사랑해'입니다. 우리 모두 사랑하는 마음이 되길 원합니다."

그 말을 듣고 평소 남편에게 사랑한다는 말 한 번 못 들어본 아내 가 집에 와서 남편에게 물었다.

"여보, 세상에서 가장 차가운 바다는 '썰렁해'래요. 그럼 세상에 서 가장 뜨거운 바다는 어디일까요?"

남편이 머뭇거리자 아내가 힌트를 주었다.

"이럴 때 당신이 나에게 해주고 싶은 말 있잖아."

그러자 남편 말하길

"열바다!"

사랑한다는 말 한마디 할 줄 모르는 멋없는 남편 때문에 스트레스 받는 여자들이 한둘이 아니다. 미꾸라지처럼 뺀질뺀질한 후배 때문에 열 받는 상사도 한둘이 아니다. 밀려오는 스트레스를 어떻게 해야 하나. 다음의 일화처럼 살다 보면 일이 꼬이는 날이 있다.

아침에 일어나 보니 보일러가 고장이다. 한겨울인데 찬물에 이를 딱딱 부딪치며 머리를 감았다. 욕실에서 나오다 아이쿠! 그만 욕실 문에 이마를 박고 말았다. 눈앞에서 별이 번쩍번쩍한다. 신문이나 볼까 하고 신문을 찾았다. 이게 또 웬일, 옆집 개가 신문을 갈기갈기 물어뜯어 놓은 것이 아닌가! 조각을 맞추어 대충 뜻을 유추해 가며 일을 보았다. 그런데? 아뿔싸! 휴지가 없다…….

허겁지겁 회사에 가려고 버스를 탔다. 헉! 지갑에 카드도 동전도 없다. 할 수 없이 만 원짜리 지폐를 냈다가 인상이 심상치 않은 기사와 한바탕 말다툼을 벌였다.

출근해 보니 동료가 갑자기 월차란다. 할 일이 두 배가 됐다. 손

112

이 네 개라도 모자랄 판에 어제 납품한 물건이 고객으로부터 클레임이 걸렸단다. 사장님한테 불려 들어갔다.

하루 종일 심사가 부글부글~

집으로 돌아왔다. 끔찍한 하루 얼른 좀 지나가라고 라면을 안주 삼아 소주 한 병을 마시고 곧장 잠자리에 들었는데, 눕기가 무섭게 울리는 휴대폰 소리. "차 좀 빼주세요~"

차를 빼주고 다시 주차하려는데 헉! 주차가 안 된다. 일방통행 길인데다 뒤에서 계속 차가 몰려오는 통에 차를 몰고 동네 한 바퀴를 뺑 돌았다. 다시 골목으로 들어가려는 순간, 검은 제복의 사내가 경례를 한 후 입에다 시커먼 물체를 들이댄다.

"음주측정 실시하겠습니다~"

끔찍한 하루다. 하지만 평범한 사람들이 곧잘 겪는 스트레스 일상사다. 이런저런 일로 우리는 스트레스와 열 받음, 울화 등을 겪고 지낸다. 세상 사는 것이 참 만만치가 않음을 우리는 매일매일 경험한다.

그러나 어쩌겠는가? 이런 스트레스는 나만 겪는 것이 아니다. 모두가 경험한다. 어쩔 수 없다. 내 정신건강을 위해서도 좋게 생각할 수밖에. 더 넓은 차원에서 생각하자. 더 멀리 보고 판단하기로 하자.

우선 내 경우를 생각해 본다. 만약에 내가 이렇게 꼬이는 일을 당하지 않는다면 어떤 일이 벌어질까? 스트레스를 안 받으니 일단 마음은 편할 것이다. 그러나 글을 쓸 수는 없을 것이다. '야! 세상 살기 좋다'라는 일곱 글자 외에는 도무지 쓸 것이 없을 것이다. 따라서 책의 인세는 영원히 받을 수 없게 된다. 강의도 할 수 없다. 괴로워하는 친구의 마음도 제대로 위로할 수 없다. 공감이 안 되기 때문이다. 소설에 나오는 등장인물들의 심리를 파악할 수 없으니 책 읽는 낙도 사라질 게 뻔하다.

요즘 인기하락에 의한 우울증을 이겨내지 못하고 20대의 젊은 연예인들이 자살하는 일이 연이어 벌어지고 있어 사람들을 안타깝게 만든다. 인기하락, 우울증, 좌절감이 한꺼번에 몰려와 괴로웠을 것이다. 하지만 다시 생각해 보면 그런 힘든 순간이 없다면 어떻게 다양한 역을 맡으며 연기생활을 할 수 있겠는가? 고통과 아픔의 경험이야말로 훗날 그런 역을 맡을 때 얼마나 도움이 되겠는가? 평생 우울하지도 않고 좌절감도 없이 즐겁기만 해서야 어찌 제대로 된 연기를 하겠는가?

스트레스 해결에 방법은 있다. 생각을 바꾸는 것이다. 스트레스는 그저 평생 같이 지내야 할 친구라고 여기는 것이다. 그러니 친구와 놀듯 그놈과 자연스럽게 놀자고 생각하자. 넓게, 멀리 보는 습관이 우리의 마음과 영혼을 살찌게 한다.

하하하하! 스트레스야, 안녕! 나는 너랑 즐겁게 놀련다.

상대의 논리를 이용하라

분을 쉽게 내는 자는 다툼을 일으켜도 노하기를 더디 하는
자는 시비를 그치게 하느니라.
-잠언 15:18

영국의 유명한 작가, 찰스 다튼이 친구인 버나드 쇼를 만났다. 찰스 다튼은 비만에 가까운 거구인 반면 버나드 쇼는 깡마른 체구였다. 찰스가 말했다.

"남들이 자네를 보면 우리나라가 대기근에 시달리는 줄 알겠네."

버나드 쇼가 찰스의 거대한 몸을 이리저리 살피며 미소를 짓고 대꾸했다.

"남들이 보면 그 기근을 자네 혼자서 일으켰다고 믿겠네."

이것은 아마 세계에서 가장 유명할 일화일 것이다. 버나드 쇼의 유머 기법은 완벽한 구조로 유명하다. 찰스 다튼의 논리로 찰스 다튼을 물리친 것이다. 상대의 논리를 이용해 상대를 물리치는 것은 희극작가 몰리에르가 주장한 것처럼 웃음 중에서도 가장 큰 초대박 웃음을 만들어낸다. 이 방법은 유머는 물론 우리의 일상에서 사용해도 큰 효과가 있다. 상대가 빠져나가는 것을 원천 봉쇄해버리기 때문이다.

조선 초의 일화다.

술이 얼큰하게 취한 한 정승이 옆에 앉은 설중매라는 유명한 기생에게 희롱을 걸기 시작했다.

"애, 설중매야. 소문을 듣자니 너는 아침에는 동쪽 집에서 밥을 먹고 저녁에는 서쪽 집에서 잠을 잔다는데, 그것이 사실이라면 오늘밤에는 정승인 나하고 같이 잠자는 것이 어떻겠느냐? 하하하."

정승이 일등공신이라는 우월감에 젖어 한껏 거드름을 피워가며 말하자, 좌중의 여러 신하들은 손뼉을 치면서 환호성을 질렀다. 그러자 잠자코 듣고만 있던 설중매는 대감 얼굴을 뚫어지게 노려보다가 말했다.

"대감님 말씀은 참으로 지당하신 말씀입니다. 소문대로 동쪽 집에서 밥을 먹고 서쪽 집에서 잠을 자는 이 설중매와 어제까지는 고

려 왕을 섬기다가 오늘은 조선 왕을 섬기는 대감이 함께 어울린다면 그야말로 천생연분이 아니겠습니까?"

이 역시 똑같은 구조로 되어 있다. 기생의 한결같지 않음을 비웃으려 했던 정승이 오히려 자신의 한결같지 않음을 지적받고 그야말로 개망신을 당한 것이다. 정승의 논리로 정승을 물리친 설중매의 재치와 의연함이 돋보인다. 인간은 누구나 자신의 의지와 철학, 자신의 선택과 태도를 합리화하려는 경향이 있다. 그렇기에 정면으로 상대를 비난하면 반항하기도 하고 변명을 늘어놓기도 한다. 이러한 심리를 이용하여 상대를 공략하는 방법이 필요하다.

또 하나의 예를 들어본다.

음흉한 호색가였던 충주 목사는 자기가 데리고 있는 이방의 소실이 절세미인이라는 소문을 듣고 그 여자를 빼앗으려고 흉계를 꾸몄다. 하루는 느닷없이 이방을 불러놓고 말했다.

"세 가지 묻는 말에 대답을 못하면 너는 네 소실을 지체 없이 내게 줘야 한다. 너의 집 사랑채 앞의 배나무에 가지마다 참새가 앉으면 모두 몇 마리나 앉을 수 있겠느냐?"

"모르겠습니다."

"보름달은 하룻밤에 몇 리나 가겠느냐?"

"그것도 모르겠습니다."

"그러면 내가 지금 앉겠느냐, 서겠느냐?"

"그것은 더욱 모르겠습니다."

"이방이 내 질문에 하나도 대답을 못했으니 약속대로 너의 소실을 내게로 데리고 오너라."

이렇게 해서 이방은 억울하게도 자기의 어여쁜 소실을 사또에게 빼앗길 수밖에 없었다. 이방이 데리고 온 소실은 과연 천하 절색이었다.

미녀를 손쉽게 빼앗은 사또는 기쁨에 넘쳐 그 여자를 향해 양팔을 벌리며 말했다.

"어서 이리 오너라."

"제가 사또 곁으로 가는 거야 바쁠 것이 없습니다만, 대관절 저의 지아비가 무슨 잘못을 해서 제가 여기에 오게 됐습니까?"

"그럼 네가 한번 대답해 보겠느냐? 너의 집 배나무에 참새가 몇 마리나 앉을 수 있겠느냐?"

"네, 이천오백삼십칠 마리가 앉을 수 있습니다. 지난해 가지마다 배가 열렸는데 모두 따서 세어보니 꼭 이천오백삼십칠 개였습니다. 참새가 가지마다 앉으면 그 정도는 앉을 수 있을 것입니다."

"그러면 보름달이 하룻밤에 몇 리나 가겠느냐?"

"팔십오 리는 갑니다."

"어째서 달이 겨우 팔십오 리밖에 못 간다는 게냐?"

　"지난달 친정어머니의 부고를 받고 제가 달이 뜰 때 출발해서 친정에 도착하니 그때 달이 막 서산을 넘어갔습니다. 그날 밤 저는 친정까지의 팔십오 리 길을 달하고 동행을 했으니까 이것은 틀림없는 거리입니다."

　"음! 그건 그럴듯하다. 그럼 마지막으로 지금 내가 서겠느냐, 아니면 앉겠느냐?"

　여자는 벌떡 일어서면서 사또에게 반문을 했다.

　"그럼 나리, 제가 지금 울겠습니까, 웃겠습니까? 나리께서 먼저 대답해 주시지요."

일이 이쯤 되고 보니 미인과의 유머 대결에서 사또의 음흉한 흉계는 여지없이 깨지고 말았다. 억지 질문에 답을 하는 대신 자신 역시 억지 질문으로 맞선 것이다. 상대의 논리로 상대를 물리친다는 공식대로 대응했기에 사또는 두 손을 들 수밖에 없었던 것이다.

직장 생활로 무대를 옮겨보자.

뺀질이 최 대리의 미꾸라지 전략이 또 나타났다. 출장을 가라는 팀장의 말에 가지가지 이유를 들어 빠져나가는 최 대리.

"팀장님, 제가 신혼이라……. 이제 겨우 6개월째란 거 잘 아시잖아요?"

이 말을 들은 팀장, 의미심장한 웃음을 머금고는 고수답게 한마디로 상대의 숨통을 조인다.

"자네 말이 맞네. 신혼인데 출장 보내면 안 되지. 자네와 이 대리 둘 중 하나를 보내라는 지시를 받았는데 알다시피 이 대리는 결혼한 지 3개월째 아닌가?"

말하는 이의 논리로 그 사람을 압박하면 도저히 빠져나갈 방법이 없다. 상대의 말을 듣고도 격해지지 않는 여유와 유머가 당신에게 있다면 당신도 설득의 대가가 될 수 있다.

엇박자로 대응하라

어리석은 자는 그 노를 다 드러내어도 지혜로운 자는 그 노
를 억제하느니라.   -잠언 29:11

치칠이 하원의원에 처음 출마했을 때 상대 후보가 그를 맹렬하게
공격했다.

"당신, 명색이 정치인이 이렇게 늦잠이나 자고 늦게 나오다니 한
심하구려."

그러자 치칠은 전혀 동요하지 않고 대수롭지 않은 일처럼 이렇게
응수했다.

"당신들도 나처럼 예쁜 마누라를 데리고 산다면 일찍 일어날 수
없을 것이오."

'게으르다'는 지적에 예견되는 다양한 반응들이다.

● 맞대응형

"넌 얼마나 부지런하기에 비난이니? 기분 나쁘게 정말. 아, 짜증나."

● 변명형

"그게 아니라 자명종이 고장 나서요…….(눈치 힐끔)"

● 신세타령형

"그러게 늙으면 죽어야 돼. 나이 먹으니까 기억력이 가물가물해서……."

반면 처칠의 대응은 엇박자식이다. 게으르다는 상대의 지적에 맞대응하며 신경질을 부리거나 애써 변명하지 않는다. '게으르다고 생각하셨군. 그게 아니라네, 이 사람아. 우리 마누라가 얼마나 예쁘고 매력적인지 말이야, 밤새워 즐거운 시간을 가졌거든. 새벽에야 잠이 들었다구. 허허.' 이 한마디면 족했다.

무엇보다 상대의 거친 공격에도 엇박자로 대응하고 있는 여유로운 모습이 과연 프로 유머리스트답다.

상대의 공격에 너무 민감하게 반응하면 신경질적인 성격의 인품이 형성된다. 반면 엇박자 대응법을 알면 유머와 여유의 성품이 만들어진다.

또 한 사람, 링컨에게도 비슷한 구조의 엇박자 대응이 발견된다.

링컨이 정적의 공격을 받았다.

"당신은 두 얼굴을 가진 사람이야."

그러자 링컨은 이해가 안 간다는 얼굴로 말했다.

"정말 그렇게 생각하신단 말이오? 내가 만약 두 얼굴이라면 무엇 때문에 이 얼굴로 여기 나왔겠소."

상대는 링컨을 비난하면서 싸움이 붙으면 멱살이라도 붙잡을 기세로 잔뜩 어깨에 힘을 주었지만 '두 얼굴을 가졌다면 그 중 잘생긴 얼굴로 나오지 하필 이 얼굴이겠소'하는 엇박자 응대를 듣자 그만 맥이 빠져버렸다. 이 한마디로 그 자리에 있던 의원들 모두 폭소와 함께 링컨을 칭찬했으며, 링컨을 비난했던 당사자조차 마음속에서 존경심을 품게 되었다고 한다. 이러한 엇박자 대응은 마음의 여유와 머리의 재치에서 나온다. 사람이 너무 날카롭고 예민하면 유머 능력이 잘 발휘되지 않는다.

한번은 아침 일찍 첫 강의가 시작되기 전에 화장실에 들렀다. 너무 이른 시각이라 그런지 화장실 전등이 다 꺼져 있어 아주 깜깜했다. 더듬대며 화장실로 들어서는 순간, 갑자기 '쏴아~'하는 소리가 들렸다. 놀란 가슴을 쓸어내리며 확인해 보았지만 아무도 없었다. 가만히 보니 사람이 반경 3미터 이내에만 접근하면 문제의 변기가 작동이 되었던 것이다.

접근 쏴~ 접근 쏴~ 접근 쏴~

너무 예민한 변기였다. 건물 관리자에게 말하자 그러잖아도 변기 중 하나가 너무 예민해 사람들을 자꾸 놀래키고 필요 없이 물을 소모해 조만간 폐기처분할 예정이라고 한다. 너무 예민한 변기가 이용자를 불편하게 하듯 너무 예민한 사람들은 주위사람들을 피곤하게 한다.

사람이 누군가로부터 갑자기 공격을 받으면 호흡이 가빠지며 얼굴이 붉어지고 어깨에 힘이 잔뜩 들어가게 되어 있다. 동물로서의 본능이다. 그러나 우리가 매사 동물처럼 치고받을 수는 없지 않은가? 일단 심호흡을 하고 어깨의 긴장을 풀어보도록 하자. 어깨에 힘이 빠지면 얼굴에 미소가 돌아오고 호흡이 편안해지며 얼굴의 붉은 기운이 사라진다.

- 1단계 : 상대의 공격
  "야, 너 죽을래?"
- 2단계 : 호흡 조절과 미소
- 3단계 : 엇박자 대응

127

"죽을 내라고? 내드릴 죽은 없고 밥이나 먹으러 가자구. 내가
살게."

- 1단계 : 상대의 공격
  "야, 이 웃기는 인간아!"
- 2단계 : 호흡 조절과 미소
- 3단계 : 엇박자 대응
  "듣던 중 반가운 소리구나. 요즘 유머 감각이 떨어진 줄 알았
  는데 아직 웃긴다는 말을 듣다니."

웃는 사람이
일도 더 잘한다

유쾌하게 살고 싶다면 유머가 필요하다

유머는 우리 삶의 심각하고 어두운 문제를 순간적으로 가볍고 아무것도 아닌 것으로
만듦으로써 사람들을 긴장으로부터 해방시키는 역할을 한다.

신나는 직장생활

한 사람의 지원자는 억지로 끌려온 열 사람보다 낫다.

-아프리카 속담

차 한 대가 길에서 큰 사고를 내고 뒤집어져 있었다. 마침 이곳을 지나던 한 젊은 기자가 사고 장소로 뛰어왔다. 기자는 사진을 찍으려고 했지만, 너무 많은 인파 때문에 도저히 가까이 갈 수가 없었다. 기자는 꾀를 내어 소리를 지르기 시작했다.

"비켜주세요! 난 피해자의 아들이란 말예요! 비켜주세요!"

그러자 사람들이 그에게 길을 내주었고 기자는 차 앞쪽까지 다가갔다. 사고를 직접 목격한 기자는 할 말을 잃고 말았다.

차 문 옆에는 원숭이 한 마리가 죽어 있었던 것이다.

비록 망신은 당했지만 자신의 일에 최선을 다하는 기자의 모습에 박수를 쳐주고 싶다. 신나는 직장생활을 하라는 제안에 의아해 하는 사람도 있을 것이다. 아니, 신나는 직장생활이 있을 수 있나? 굳이 수식어를 붙이라면 '지겨운' '지치는' '스트레스 넘치는'을 붙여야 하는 게 직장생활 아니냐며 반문하는 사람들이 많을 것이다.

하루의 대부분을 보내는 직장생활은 우리 인생에 상당히 중요한 비중을 차지한다. 대부분 지겨운 업무 시간의 연속에도 불구하고 우린 돈을 벌기 위해 직장생활을 한다. 왜? 먹고살아야 하니까. 마르크스를 비롯한 많은 학자들은 노동이 곧 오락, 일이 곧 즐거움이 될 수는 없을까 고민했다. 물론 마르크스는 노동자의 단결과 투쟁을 역설하였으나 이는 소련의 붕괴로 문제점이 여실히 드러났다. 폭력이 결코 인간 삶의 증진을 가져올 수 없다는 것은 너무나 자명한 사실이다. 누구를 미워하는 방식은 상대도 나를 미워하게 되니 악순환이 반복되는 것이다. 차라리 미소와 즐거움, 유머와 웃음으로 헤쳐나가라.

이미 '신나게 일하는 직장'을 추구하는 곳들이 적잖이 생겨나고 있다. 이를 위해 많은 기업에서 사원들의 아이디어를 모집하고 있다. 채택된 사람은 상금을 받는다. 승진에 도움이 된다. 명예까지도 얻는다. 그 아이디어가 회사 업무에 반영된다. 내가 낸 아이디어가 상품의 생산, 판매, 기타 기업 운영에 반영되니 직원들은 신이

난다. 단순한 생산직, 상사의 눈치만 보는 못난 말단 직원이라는 열등감에서 벗어나게 된다.

21세기는 아이디어의 시대다. 필자도 유머 센스와 아이디어의 정비례 관계를 강의할 때마다 강조한다. 직장도 자기 사업이라고 생각하면 어떨까? 당신이 신입사원이어도 사무직이어도 아니 비정규직이어도 괜찮다. 당신이 직장에서 좋은 평판을 들었다면 그 만큼의 수입을 올렸다고 생각하라. 그렇게 오늘의 수입을 따져보라.

- 하루치 봉급 : 10만 원
- 우수 제안으로 인한 사장님 칭찬의 가치 : 10만 원
- 우수 제안 상금 : 20만 원
- 영어공부 1시간의 미래 가치 : 2만 원
- 운동 1시간의 가치 : 5만 원

예를 들어 직장인 박성진 씨의 하루 봉급만 따지면 하루 수입은 10만 원이지만, 가치 있는 일을 수량화해서 총수익을 뽑아보니 오늘 박성진 씨의 회사는 총 47만 원의 수입을 올렸다. 내일은 얼마나 올릴까 생각만 해도 신이 날 것이다.

미래 나의 성공과 승진에 도움이 되는 것을 돈으로 계량화, 수량화해 보라. 샐러리맨에서 사업가로 변한 기분에 매너리즘은 날아

가고 항상 활기찬 기분으로 변할 것이다.

직원들이 곧 주주인 회사도 많이 생겨나고 있다. 근로자가 회사의 주인인 것이다. 이리 되면 노사의 구분이 애매모호해진다. 따라서 이전의 갈등과 적대감이 사라지고 주인의식으로 무장된 직원들이 더 좋은 상품을 만들어내니 직장생활이 신날 수밖에 없다.

자기 사업을 하는 경우도 마찬가지로 좀더 신나게 할 수 있다. 또 신나게 일을 해야 장사도 잘 된다. 더 효율적인 방법은 없을까, 끊임없이 연구하고 시행해 본다. 이 과정에서 전문가나 동종 업종 종사자에게 자문을 구하는 것도 좋다. 더 좋은 교사는 고객이다. 고객의 불만, 의견 등을 메모하고 시행한다. 이노베이션(혁신)이 있는 사업은 성공한다. 돈이 들어오니 더욱 신날 수밖에. 자꾸 자꾸 부흥, 번창, 발전하게 되는 원리다.

그럼 왜 어떤 사업가들은 재미가 없을까? 한마디로 공부를 안 하기 때문이다. 그러니 최신 마케팅 정보, 시장 정보를 모르고, 엉뚱한 상품이나 시원찮은 서비스를 하니 매출이 줄고, 파리가 날리니 열 받아 더욱 인상만 쓰게 되고, 악순환이 반복되는 것이다.

신나게 직장 생활하고 신나게 돈을 벌자. 그래야 당신도 살고, 조직도 살고, 국가도 산다.

때론 아랫사람을 받들어 모셔라

모욕을 주는 사람은 모래 위에 글을 쓰는 것 같지만, 그 모
욕을 받은 사람에게는 청동에 끌로 판 것처럼 새겨진다.

－조반니 과레스키

기사가 피곤한 모습을 보이자 딱하게 여긴 교황이 직접 차를 몰
려고 운전기사에게 자리를 바꾸자고 했다. 그러나 오랜만에 핸들
을 잡아 운전이 서툰 교황은 신호위반을 했고 그만 교통경찰에게
걸리고 말았다. 그 경찰은 차 안을 들여다보고는 본부에 연락을 취
했다. 경찰은 상관에게 매우 중요한 인물을 태운 차가 위반에 걸렸
다고 보고했다.

상관이 물었다.

"그 인물이 시장보다 더 중요한가?"

경찰은 그렇다고 대답했다. 상관이 또 물었다.

"그럼 대통령보다 더 중요한가?"

"네에……."

또다시 상관이 물었다.

"도대체 그 사람이 얼마나 중요한 인물인가?"

"글쎄요, 잘은 모르겠지만 교황을 운전기사로 고용하고 있단 말입니다."

비록 과속을 해서 딱지를 떼었지만 기사를 딱하게 여긴 교황의 마음이 꽃보다 아름답다.

지위가 높아지고 부자가 되면서 아랫사람들을 우습게 보는 사람들을 간혹 본다. 역사를 통해 인간은 계급을 만들었다. 양반과 상놈, 귀족과 노비, 지주와 소작인, 장교와 사병, 윗사람과 아랫사람. 이런 흔적이 남아서인지 부하직원이나 상인들에게, 자식이나 후배들에게 말과 행동을 함부로 해서 손가락질 받는 경우가 있다. 그러나 지금은 민주주의 시대 아닌가?

이제 직원이나 후배들에게 존경과 사랑을 받을 수 있는 마음 자세를 소개한다.

중세시대에 '바보제'라는 축제가 있었다. 일 년 중 하루를 잡아

귀족과 노비가, 주인과 하인이 입장을 바꾸고 노는 것이다. 노비가 귀족의 흔들의자에 앉으면 귀족은 노비에게 부채를 부쳐준다. 하인이 목욕을 하고 나오면 주인이 하인의 가운을 입혀드린다. 배꼽을 잡고 하루 종일 웃는 가운데 일 년 동안 받은 스트레스가 다 풀리고 더욱 열심히 일을 하게 된다.

이 바보제를 응용해 유머 경영 프로그램을 만든 적이 있다. 조그만 회사에 가서 야자타임을 위한 뽑기를 했는데 사장이 경비원이라 적힌 쪽지를 뽑았다. 주저주저하는 사장님에게 경비완장을 채우고 경비 업무를 시켰는데 그 어정쩡한 모습에 직원들이 배꼽을 부여잡고 웃었다.

역할이 끝나고 사장이 고백을 한다.

"내가 직원들에게 승진이나 봉급을 줄 때보다 망가지니까 더 웃고 좋아하더군요. 오늘 내가 그들과 눈높이를 맞추는 게 진정한 리더십의 요체란 걸 깨달았습니다."

그렇다. 만약 그 사장이 자신의 직위를 남에게 뽐내고 과시하는 데 사용한다면 진정한 존경을 받기는 어려웠을 것이다. 부하를 보듬어주고 같이 동고동락한다는 마음이 진정한 리더십의 전제이기에.

나는 강의 시간에 파워포인트로 백발의 CEO 사진을 자주 보여준다. 재미있는 동작과 익살스런 표정으로 자식뻘의 직원들을 웃기는 사진이다. 미국 사우스웨스트항공의 켈러허 회장은 유머 경영의 상징적인 인물이다. 처음 변호사 출신의 사업가가 등장했다고 했을 때 어떤 사람들도 그렇게 재미있는 직장을 만들 것이라 예상을 하지 못했다. 엘비스 복장으로 노래를 부르며 조회를 하고 크레믈린 경비대 같은 근엄한 표정 대신 다정한 친구 같은 모습으로 커피 한 잔 뽑아주는 상사의 모습에 직원들이 처음에는 당황해 하고 어색해 했다. 그러나 그러한 행동들이 일시적인 쇼맨십이 아니라 진정한 인격과 철학에서 나왔다는 것을 깨닫는 순간, 직원들도 변했다.

'사장님은 재미있고 진정 훌륭한 분이야.'

'고객들을 즐겁게 해드리자! 나도 덕분에 즐거워지니까 이 얼마나 멋진 일이냐.'

'우리 회사가 잘되고 있어, 그리고 나도 잘될 거야.'

리더의 웃음이 굳어 있던 직원들의 표정에 웃음을 만들었고 이어 항공사를 찾는 모든 고객들도 웃고 즐거워하기 시작했다. 여타 항공사들이 불경기에 괴로워할 때도 사우스웨스트는 흑자를 기록했다. 아랫사람을 배려하는 리더의 따뜻한 마음이 노사 모두의 성공을 가져온 것이다.

사장님들이여, 혹 아시는지? 당신의 직원들은 당신에게 복을 주기 위해 하늘이 내려준 천사들이란 것을.

남과 여의 시너지를 찾아라

나는 여성이 어리석다는 점을 부인하지 않는다. 전능하신 하나님이 남자와 어울리게 만드셨기 때문에.

―조지 엘리어트

쇼핑 산수

- 남자는 필요한 1달러짜리 물건을 2달러에 산다.
- 여자는 필요 없는 2달러짜리 물건을 1달러에 산다.

전반적인 공식과 통계들

- 여자는 미래에 대한 걱정을 한다. 남편을 얻을 때까지는.
- 남자는 미래에 대한 걱정을 전혀 하지 않는다. 부인을 얻을 때까지는.

- 자기 부인이 쓰는 것보다 더 많이 버는 남자를 우리는 성공한 남자라 부른다.
- 그런 남자를 찾은 여자를 우리는 성공한 여자라 부른다.

행복

- 남자와 행복하기 위해서 당신은 그를 많이 이해하고 사랑은 조금 해야 한다.
- 여자와 행복하기 위해서 당신은 그녀를 많이 사랑하고 절대 이해하려 해서는 안 된다.

변화의 경향

- 여자는 남자가 변할 거라고 예상하고 결혼한다. 하지만 그는 변하지 않는다.
- 남자는 여자가 변하지 않을 거라고 예상하고 결혼한다. 하지만 그녀는 변한다.

아줌마와 아저씨의 차이

- 아줌마는 운전을 못하지만 아저씨는 운전을 더럽게 한다.
- 아줌마는 우기지만 아저씨는 속인다.
- 버스나 전철에서 아줌마는 새치기하지만 아저씨는 강탈 또는

희롱한다.

- 아줌마의 가치가 정보력에 있다면 아저씨의 가치는 돈에 있다.

- 아줌마는 아등바등 살지만 아저씨는 제 잘난 맛에 산다.

- 아줌마는 무식하지만 아저씨는 꽉 막혔다.

- 아줌마는 어디서나 강하지만 아저씨는 약자한테 강하다.

- 아줌마는 자식을 가장 사랑하지만 아저씨는 자식 또래를 가장 선호한다.

남자와 여자는 물과 기름처럼, 개와 고양이처럼 정말 다르고 3차 방정식처럼 피차 해답 얻기가 극히 난해하다. 그리스 신화에 보면 아주 옛날 사람은 남녀가 한몸이었다. 남자와 여자가 한몸에 있는 자웅동체 생물이 존재하는 걸 보면 아주 황당한 말 같지는 않다. 진화의 역사 초기에는 그럴 수도 있었을 것이다. 어쨌거나 질투 많은 어떤 신이 인간들 즐겁게 지내는 꼴을 보지 못하고 톱으로 반을 잘랐는데, 그때부터 둘은 서로 합치려는 본성을 가지게 되었다는 것이다. 이 역시 설득력이 있다. 남자의 남는 부분과 여자의 모자란 부분을 신체적 차원에서 보면.

남자나 여자나 혼자 있으면 외롭다. 그래서 익모초보다도, 십전대보탕보다도 쓰디쓴 결혼생활을 경험하고 갈라진 사람들도 이내 다시 재혼을 하고 새로운 짝을 구하는 것이다.

프로이트는 "인간은 그 본성적인 성적 욕망의 에너지를 통해 정치 · 경제 · 전쟁 · 예술 · 스포츠 등 거의 전 영역의 인간 문화를 창조하고 영위하는 행위를 한다"고 했다. 한마디로 성적 욕망이 없으면 세계는 진보도 없고 발전도 없고 그냥 끝이란 말이다. 하긴 그렇다. 처녀 총각이 서로 소 닭 보듯 눈만 끔뻑거리고 아무런 긴장이 생기지 않는다면 얼마 안 가 인간의 역사는 마감을 하게 될 것이 빤하다.

남자와 여자는 성적으로 정신적으로 서로를 필요로 했음과 동시에 우열을 겨루기도 했다. 남존여비는 거의 모든 문화권에서 발견된다. 우리나라 여자들의 명절 노이로제도 남자들은 고스톱 칠 때 여자들은 묵묵히 그 뒷바라지만 해야 하는 불평등이 있기 때문이다. 외국도 그렇다. 미국에서 여자에게 투표권을 준 것이 채 100년도 안 된다.

그럼 여자는 남자보다 열등할까? 역사적으로 남존여비의 유래를 살펴보자. 구석기 시대에는 여성들이 중심이었다. 여자의 몸에서 자식이 나오기 때문에 여자야말로 신의 대리인이라고 여겨졌던 것이다. 청동기 이후 사람들이 모여살다보니 남자의 정액이 바로 '아기 씨'인 것을 발견하고는 여자는 씨받이요, 밭이요, 남자의 자식을 키워내는 보조물이라 여겼다. 이때부터 등장하는 신은 거의 남자다. 여자는 추악한 존재라고 해서 무시, 멸시, 저주, 손가락질을 받았다. 마녀 사냥, 주홍 글씨, 칠거지악은 동·서양을 막론한 남성 중심 문화의 예다. 그런데 근대 DNA의 발견으로 새로운 사실이 밝혀졌다. 남자와 여자 23개씩 똑같이 가지고 있는 유전자가 자식에게 50 대 50으로 공평하게 전달된다는 것이다. 새삼스럽지만, 남자와 여자는 이로 인해 누가 더 우월하거나 열등하지 않고 똑같은 인격체라는 게 과학적으로도 밝혀진 것이다.

페미니스트들은 이런 이유를 들어 가정, 사회, 국가 차원에서 여자도 남자와 똑같은 대접을 받아야 한다고 한다. 내 생각은 조금 다르다. 인격적인 무게는 당연히 같지만 신체적 조건은 엄연히 다르기에 서로 자신에게 맞는 삶을 사는 것 또한 자연스러운 것이 아닐까?

남자는 일반적으로 힘이 세다. 지붕을 수리하거나 짐을 옮기는데 여자보다 낫다. 여성은 좀더 섬세한 일, 뜨개질, 인테리어 등에 알맞다. 아기를 기르는 데도 여성이 어느 정도 주도적이 되는 것이 자연스럽다. 열 달 동안 엄마 뱃속에 있으면서 아기와 엄마는 이미 많은 친분과 교류를 가졌기 때문이다.

어차피 우리가 서로 함께 살아가야 한다면 서로에게 좋은 느낌을 주며 지내는 방법이 무엇일까?

여성은 임신하고 양육할 때 외부로부터 자신을 보호해 줄 남자가 필요하다. 그래서 여성들은 매너 좋고, 상냥하며, 생활력 있는 남

144

자에게 호감을 느낀다. 남자는 외적과 싸워 상처를 입고 피곤하다. 상처를 치유해 주고 피로한 몸을 기댈 수 있고 용기를 북돋워주며 자신의 2세를 잘 키울 수 있는 상냥하고 지혜로운 여성을 원한다. 인간의 신체 정신적 차이, 역사 속에서의 남과 여에 대한 고찰을 해 보면 나 자신이 어떤 남자, 어떤 여자가 되어야 할까에 대한 답이 나온다. 여자가 있다는 건 남자에게 최고의 복이고 남자가 있다는 건 여자에게 최고의 행운이다.

상대의 성격을 바꾸려 하지 마라

아내인 동시에 친구일 수도 있는 여자가 참된 아내이다. 친구가 될 수 없는 여자는 아내로도 마땅하지가 않다. —윌리엄 펜

경석이는 철인 3종 경기 중계를 보고 있었고, 엄마는 거실 청소를 하고 있었다. 누나가 방에서 나오더니 엄마에게 물었다.

"엄마 지금 무슨 경기해?"

엄마가 대답했다.

"글쎄. 계속 뛰는 것을 보니까 마라톤인가 봐."

경석이는 엄마의 대답을 듣고 웃음을 참기 위해 애를 썼지만 누나의 한 마디에 더 이상 웃음을 참을 수 없었다.

"그럼 몇 대 몇이야?"

경석이네 집의 일화에서 보듯 확실히 여자들은 남자에 비해 스포츠에 별로 관심이 없다. 여자들은 일반적으로 외모, 가정, 드라마 순으로 관심을 가지고 있다. 찜질방이나 수영장에서 그녀들의 대화를 훔쳐 듣다 보면 외모에 관한 대화가 단연 1위다. 엊그제 점을 뺐는데 흔적이 남지는 않을까? 화장품은 과연 어느 제품이 좋은가? 탤런트 하지원은 주로 어느 미용실을 다닌다더라 등등.

반면 남자들의 대화 소재는 확연히 다르다. 정치와 스포츠가 반반이다. 역시 아무개가 대통령감이야, 어젯밤 이동국이 프리미어리그에 선발 출전했지 등등. 술을 먹다 보면 군대 이야기로 불을 뿜기도 한다. 이렇게 남녀가 관심사와 대화 스타일이 다르다 보니 말이 안 통하는 경우도 많고, 그로 인해 갈등이 생기는 경우도 다반사다.

이럴 땐 상대의 성격을 있는 그대로 인정해 주는 게 가장 편하다. 상대의 성격을 바꾸려 하면 할수록 갈등을 느끼게 되고 급기야는 대화불통이 된다. 성격 차이로 매사 다투던 부부가 처음이자 마지막으로 의견 일치를 보았다는데 "그게 무엇이냐?"고 물으니 "합의이혼!"이란다.

성격은 애당초 바꿔야 할 대상이 아니다. 그저 있는 그대로 이해하고 바라볼 뿐이다. 성격을 바꾸려 함은 마치 겨울에 눈 내리는 것을 탓하는 것처럼, 꽃이 왜 겨울에 안 피고 봄에 피느냐고 짜증내는 것처럼 어리석은 일이다. 하지만 상대의 단점을 보는 내 눈을 180

도 바꾸면 단점은 곧 칭찬거리가 된다.

인터넷에서 얻은 칭찬의 법칙이다.

1. 칭찬은 바보를 천재로 만든다. 말도 못하고 듣지도, 보지도 못 하던 헬렌 켈러에게 기적을 만들어 주었다.

2. 칭찬을 하면 꼭 칭찬 들을 일을 한다. 칭찬하고 또 칭찬하라.

3. 한 마디의 칭찬이 건강을 심어준다. 몸에서 엔도르핀이 생성 되기 때문이다.

4. 칭찬을 받으면 발걸음이 가벼워지고 입에서 노래가 흘러 나오 는 법이다.

5. 칭찬은 상대방에게 기쁨을 준다. 돈은 순간의 기쁨을 주지만, 칭찬은 평생의 기쁨을 준다.

6. 본인도 모르고 있는 부분을 찾아 칭찬하라. 그 기쁨은 열 배, 백 배로 증폭된다.

7. 자기를 사랑하는 사람만이 남을 칭찬할 수 있다. 먼저 자신을 사랑하라.

8. 자기 자신을 칭찬할 줄 아는 사람이 남을 칭찬할 수 있다. 자 기부터 칭찬하라.

9. 칭찬은 자신을 기쁘게 하고 상대방을 행복하게 하는 원원전략 이다.

10. 누구를 만나든지 칭찬으로 시작하여 칭찬으로 끝내라. 기쁨에 넘치는 세상이 된다.

11. 운동선수가 응원 소리에서 힘을 되찾듯 사람들은 칭찬을 들으며 자신감을 얻는다.

12. 미운 사람일수록 칭찬을 해주어라. 언젠가 나를 위해 큰일을 해줄 것이다.

13. 칭찬하는 데는 비용이 들지 않는다. 큰 비용으로 해결할 수 없었던 부분까지도 해결해 준다.

14. 칭찬은 어떤 훈장과도 비교될 수 없는 커다란 훈장이다.

15. 칭찬은 보물찾기와 같다. 보물은 많이 찾을수록 좋다.

16. 칭찬은 사랑하는 마음의 결정체이고 비난은 원망하는 마음의 결정체이다.

17. 칭찬은 적군을 아군으로 만들고 원수도 은인으로 만든다.

18. 고객만족, 고객감동? 칭찬은 이 두 가지를 모두 만족시키고도 남는다.

19. 목마른 사람에게 물을 주는 것은 공덕이 된다. 사람은 너나 없이 칭찬에 목마름을 느끼고 있다. 칭찬으로 변화시키지 못하는 것은 어떤 것으로도 변화시키지 못한다.

20. 10점을 맞다가 20점을 맞는 것은 대단한 향상이다. 칭찬을 듣고 또 들으면 30점이 되고 50점이 되다가 끝내는 100점

이 되어 버린다.

21. 칭찬은 불가능의 벽을 깨뜨리는 놀라운 힘이 있다.

22. 아무리 나쁜 사람이라도 칭찬거리를 찾다 보면 무수한 칭찬 거리가 나타난다.

23. 상대방의 약점을 보려고 하지 말라. 약점을 찾아내는 눈으로 상대를 보니 약점만 보이는 것이다.

24. 사람의 참모습은 칭찬에서 나타난다. 칭찬을 통해 행복한 가정, 신나는 세상이 펼쳐진다.

25. 칭찬은 부정적이고 소극적인 마음을 긍정적이고 적극적인 사고로 바꿔준다. 내가 하는 한 마디 칭찬이 의식개혁의 시작이다.

26. 칭찬은 웃음꽃을 피우게 하는 마술사이다. 이 세상에서 가장 아름다운 꽃은 웃음이다.

27. 내가 칭찬을 하면 상대방도 칭찬을 되돌려 준다. 칭찬을 주고받는 세상이 지상 천국이다.

28. 칭찬을 받으면 더 잘하려는 노력을 하게 된다. 더욱 더 칭찬을 받고 싶은 마음이 열 배의 능력을 만든다.

29. 칭찬을 받으면 앞길이 훤하게 열린다. 마음이 열리고 활기찬 행동을 하게 되고 불가능도 가능으로 바뀌어진다.

30. 칭찬을 하다 보면 네가 내가 되고 내가 네가 되어 모두 하나

가 된다. 이 세상에서 가장 아름다운 꽃은 웃음이다. 칭찬은 웃음꽃을 피우게 하는 마술사이다. 나도 마술사이고 싶다.

상대를 내 입맛에 맞게 바꾸는 게 아니라 그저 바라보는 것, 단점을 장점으로 바꾸어 해석하는 것, 이 두 가지가 인간관계 성공의 비결이다.

감정을 조절하라

고함을 질러 길들인 말이 속삭이는 소리에 복종할 것으로 바라는 것은 어리석은 일이다.

-F. P.

며느리가 시어머니에게 하는 거짓말 Best 5

5위: 저도 어머님 같은 시어머니가 될래요.

4위: 전화 드렸는데 안 계시더라고요.

3위: 어머니가 만든 음식이 제일 맛있어요.

2위: 용돈 적게 드려서 정말 죄송해요.

1위: 어머님, 벌써 가시게요? 며칠 더 있다 가세요.

시어머니가 며느리에게 하는 거짓말 Best 5

5위: 좀더 자거라. 아침은 내가 할 테니.

4위: 내가 며느리 땐 그보다 더한 것도 했다.

3위: 내가 얼른 죽어야지!

2위: 생일상은 뭘…… 그냥 대충 먹자꾸나!

1위: 아가야! 난 널 딸처럼 생각한단다.

며느리 때문에 속 터지는 시어머니가 얼마나 많으며 시어머니 때문에 속 끓이는 며느리는 또 얼마나 많을까? 사람에게 상처를 주는 게 감정이 섞인 말이다. 감정을 조절하면 성인이 되고, 감정을 함부로 발산하면 개가 된다. 대부분의 인간은 화가 나면 굳어진다. 그게 바로 조물주가 인간을 진흙으로 빚었다는 증거라고 주장하는 사람도 있는데, 어찌 보면 맞는 말 같기도 하다.

위대한 사람, 성공한 사람들은 한결같이 자신의 감정을 잘 조절했다. 소크라테스의 아내는 악처로 유명한데, 어느 날 부인은 온갖 잔소리를 늘어놔도 남편이 아무런 대꾸가 없자 양동이에 가득 담긴 물을 남편의 머리에 쏟아 부어버렸다. 그러자 소크라테스는 미소를 지으며 한마디했다. "천둥이 치고 나면 어김없이 소나기가 오는 법이지."

10여 년 전, 선배 강사 한 분을 알게 되었다. 얼굴은 비록 화상으로 일그러진 모습이었지만 사람들은 그의 주위에 둘러앉기를 좋아

했다. 그분에게서 훈훈한 기운이 배어 나왔기 때문이다. 그분의 이름은 채규철.

젊은 시절 사진을 보니 장동건 뺨치는 미남이었다. 항상 남을 돕는 데 기쁨을 느끼고 봉사를 하던 아름다운 영혼의 소유자였다. 그런데 하늘의 질투였던지 어느 날 교통사고로 화상을 입었고, 오랜 수술 후에 깨어보니 자신의 수려한 얼굴은 온데간데없었다. 거울 속에는 괴상망칙하게 일그러진 한 인간만 있지 않은가? 그도 사람인지라 한때 실망과 좌절도 했지만 이내 감정을 추슬렀다. 그는 유머형 인간이었다. 긍정적인 사람답게 툴툴 털고 일어나서 그 후 희망의 메시지를 전하는 강사가 되었다.

얼굴이 상한 후, 그의 유머는 더욱 빛이 났다. 그의 별명은 ET(이 티 타버린) 할아버지. 화상 입은 얼굴을 가리키며 "이게 요즘 시가로 6천만 원이 넘게 들여 성형한 얼굴인데 왜 다들 안 알아주는 거여?" 하고 농을 던졌다. 수많은 청중들이 그의 강의를 들은 후 별 것 아닌 실패로 쉽게 상처를 받은 자신을 부끄러워했고 용기를 얻었다. 지금도 하늘나라에서 특유의 유머로 청중을 사로잡고 있을지 모르겠다.

화가 난 상태에서는 절대로 자녀에게 훈계할 일이 아니다. 부모의 감정의 독까지 함께 전하게 된다.

화가 나서 얼굴이 붉어지며 맥박이 상승할 때 누구나 쉽게 감정을 추스를 수 있는 방법을 소개한다.

1. 숫자 셋을 센다.
2. 찬물로 세수한다.
3. 심호흡을 한다.
4. 어깨에 힘을 뺀다.
5. 살짝 미소를 짓는다.

농담에는 농담으로 반격하라

유머는 한 줄기 시원한 여름 소나기처럼, 대지와 대기 그리고 당신을 모르는 사이에 정화시켜준다.

                                                          -랭스턴 휴스

남정네 손님이 처녀뱃사공에게 농을 걸었다.

"여보, 마누라~"

"!?"

"자네 배에 내가 탔으니 자넨 내 마누라 아닌가? 허허."

스스로 생각해도 자신의 농이 그럴듯하다고 여겼는지 남자는 연신 키득거렸다. 이윽고 강을 건너 남자가 배에서 내리자 처녀가 한 마디 했다.

"아들아! 이놈아."

"?!"

"당신이 내 배에서 나왔으니 내 아들이 아니냐?"

자신을 희롱하는 농을 들은 처녀들의 일반적인 반응을 조사한다면 다음과 같은 반응이 나올 것이다.

1. 속상하고 분해 투덜댄다.
2. 따질 용기가 없어 말 한 마디 못하고 분해서 얼굴만 하얗게 변한다.
3. "함부로 농담하지 말라"고 발칵 화를 낸다.

아마도 대부분 이 셋 중 하나를 선택하게 될 것이다. 그런데 어느 경우든 상당량의 스트레스를 받게 된다는 데 문제의 심각성이 있다. 그런데 이 처녀뱃사공은 우리에게 현명한 대응방법을 알려준다. 농담에는 농담으로 반격한다는 원칙이다.

프로이센이 보불전쟁에서 승리하여 독일제국을 선포한 직후, 한 병사가 훈장을 받게 되었다. 훈장 수여를 위해 병사 앞에 선 재상 비스마르크는 문득 장난기가 발동하여 병사에게 이렇게 말했다. "자네 솔직히 말해 보게. 훈장보다는 현금 100마르크를 받고 싶지 않은가?"

병사는 잠시 생각하더니 물었다.

"각하, 훈장의 원가는 얼마 정도인가요?"

"글쎄, 명예라는 걸 생각하지 않는다면 대략 3마르크쯤 되겠지."

"그렇다면 각하, 전 97마르크와 그 훈장을 받고 싶습니다."

높은 사람 앞에 서면 쉽게 긴장되는 건 병사나 직장인이나 다 마찬가지다. 이러한 긴장이 면접이나 비즈니스를 망치는 원인이기도 하다. 상관의 농담을 다시 멋지게 농담으로 받아친 병사의 재치와 여유가 빛난다. 유머(농담, 해학, 위트, 기지)는 우리 삶의 심각하고 어두운 문제를 순간적으로 가볍고 아무것도 아닌 것으로 만듦으로써 사람들을 긴장으로부터 해방시키는 역할을 한다. 이런 반격 유머 능력이 매우 뛰어난 사람이 바로 레이건이다.

어느 나라나 정치인과 기자는 개와 고양이처럼 앙숙인 법. 자신의 정책을 비판한 신문 기사를 보고 노발대발한 레이건은 일군의 기자들을 개자식Son of Bitch이라고 직설적으로 욕을 해댔고, 이에 분노한 백악관 출입 기자들은 욕의 이니셜을 따서 'SOB'라고 써 있는 티셔츠를 입고 대통령 앞에 나타났다.

대통령이 자신의 말을 부끄러워하며 당황해 할지, 아니면 기자들에게 벌컥 화를 낼지 모두가 그 반응에 주목하는 순간, 레이건은 환한 미소를 지으며 말했다.

"SOB라, 예산절감Save of Budget을 하란 말이군요. 나도 찬성입니다. 우리는 작은 정부를 지향하니까요."

농담과 진담을 구분하지 못하면 감정은 감정대로 상하고 자칫하면 사람이 모자라 보이기 쉽다. 농담에는 농담으로, 적극적으로 대응하자. 순식간에 강하고 멋진 사람으로 우뚝 서게 될 것이다.

따질 건 따져라

역사는 이렇게 기록할 것이다. 이 사회적 전환기의 최대 비극은 악한 사람들의 거친 아우성이 아니라, 선한 사람들의 소름끼치는 침묵이었다고.

-마틴 루터 킹

새로 온 목사의 아내가 애를 낳았다. 목사는 식구가 불었으니 봉급을 올려달라고 신도들에게 하소연했다. 신도들은 이를 승인했다. 두 번째 출산 때에도 신도들은 봉급을 인상해 줬다. 그런데 목사의 아이가 다섯이 되자 신도들은 지출이 많아지는 것에 화가 나기 시작했다. 급기야 목사와의 회동에서 서로 고성이 오고 갔다.

마침내 자리에서 일어난 목사는 버럭 소리를 질렀다.

"아이가 생기는 건 불가항력적인 일입니다!"

그러자 뒤쪽에서 나이가 든 사람이 일어나서 반박하고 나섰다.

"비가 오고 눈이 오는 것도 불가항력적입니다. 그래서 우리는, 우산을 사용합니다."

'좋은 게 좋다.' '모난 돌이 정 맞는다.' '세상만사 둥글둥글' '참을 인忍 자 셋이면 살인도 면한다.' '때린 놈은 웅크리고 자도 맞은 놈은 발 뻗고 잔다.'

모두가 대인관계에서 부드러운 사람이 되라는 말인데, 이는 옳기도 하거니와 필요하기도 하다. 그러나 때로는 그 반대되는 면도 보여줄 수 있어야 한다. 따질 건 따지는 사람이 돼야 한다는 말이다. 무리한 요구를 하는 사람에겐 단연코 '노'라고 말할 줄도 알아야 한다.

중학교 때 이유 없이 나를 괴롭혔던 친구가 있었다. 말없고 내성적이며 순둥이였던 나는 6개월 동안 때로는 욕을 먹고 때로는 손찌검을 당하면서 지냈다. 그러다가 하루는 그동안 당한 것이 너무 화가 나서 결투를 신청했고 급기야 학교에서 제일 싸움을 잘하는 친구 입회 하에 학교 뒤 공터에서 1 대 1로 붙게 되었다. 결과는 어떻게 되었을까?

놀랍게도 내가 이겼다. 그 친구 주먹 세 방은 모두 헛방이었고 내가 휘두른 한 주먹에 그 친구 눈이 시퍼렇게 멍이 든 것이다. 그 순간, 내가 이렇게 약한 놈한테 그동안 당한 게 기가 막혔다. 정말로 센 놈에게 맞았으면 덜 억울했을 텐데, 지레 겁을 먹었던 게 아닌가. 그때 깨달았다. 참기만 하는 것이 미덕이 아니란 것을 말이다.

생각을 바꾸니 새로운 교훈이 생겼다.

'우는 아이 젖 준다.'

'목에 칼이 들어와도 할 말은 한다.'

거만한 건 문제지만 그렇다고 비겁한 것은 더더욱 문제다. 받을 돈이 있다면 당당히 요구하라. 면접 볼 때는 자신의 장점에 대해 분명하게 피력하라. 빌려줬던 돈을 되돌려 받았을 때 면전에서 액수를 세어보는 것이 이제는 실례가 아니다. 남을 존중하는 건 당연하지만 나의 결정이나 사고방식에 대해서도 좀더 당당해질 필요가 있다.

유쾌하게 살기 위해서는 때로 상대에게 내가 지금 유쾌하지 않다는 걸 보여줄 필요가 있다.

유머는
경제를 살린다

웃어야 돈도 찾아온다

유머는 긴장이 무서운 게 아니다. 정말 두려워한 것은 일상생활에서 벗어나지 못하는 거다. 도무지 웃는 거나 웃게 하는 거야이다. 사실 웃어 넣어고 해서 얼굴까지 구겨지상으로 찌푸리고 찬단면 두 배로 더 슬퍼지 않을까?

부자 되길 소원하라

성공은 수만 번의 실패를 감싸준다.   -조지 버나드 쇼

두 친구가 스위스를 여행하며 관광을 하다가 한 곳에 이르러 강변에 표지판이 있는 것을 보았다.

'물에 빠진 사람을 구해주는 자에게는 5천 불을 줌.'

둘은 의논 끝에 하나가 물에 빠지고 하나가 건져주면 5천 불을 벌어 공짜로 관광할 수 있지 않겠느냐는 결론에 이르렀다. 그래서 하나가 물에 빠져 허우적대고 있는데 웬일인지 밖에 있는 친구는 구하러 올 생각도 하지 않고 있는 것이다. 친구는 한참 허우적거리다가 겨우 밖으로 기어 올라와서 따졌다.

"이 친구야, 약속이 틀리잖아. 내가 물에 빠지면 구하러 오기로

해놓고 왜 꼼짝도 안 하고 있는 거야?"

그러자 그 친구가 말했다.

"저 푯말 밑에 작은 글씨를 좀 보게."

'죽은 자를 건져오면 1만 불을 줌.'

정상적으로 부자가 되는 방법도 분명히 있는데 이 친구들처럼 편법으로 부자 되길 바라는 사람들이 가끔 있다. 하늘의 뜻을 거슬러 부자 되는 건 확률적으로도 너무 어렵고, 부자가 되더라도 자식 대에 가서 다 까먹기 일쑤다. '낙타가 바늘구멍으로 들어가는 것보다 천국에 들어가기가 더 힘들다'는 부자는 바로 이런 부류를 말하는 것이다.

우리가 누군가를 사랑하거나 남에게 도움이 되는 물건을 생산·판매하면 우주의 선한 기운을 얻는다. 반면 남을 미워하고 증오하고 사기치고 불량식품을 만들어 돈을 벌려고 하면 악한 기운들과 결합되게 된다. 이 악의 기운은 당사자를 해치는 역할을 한다. 못된 일 10년 정도 하면 말투와 인상이 고약하게 되어 사람들이 피하고 재물과 건강도 빠져나가게 된다. 도둑질 수십 년 해도 평생 가난하게 사는 이유가 이 때문이다.

부자는 누구나 부러워하고, 때론 존경을 받지만 때론 손가락질 받는 사람들이기도 하다.

돈에 대한 여러 정의와 부자가 되기 위한 노하우, 돈의 가치관을 나타낸 말이 있다. 우선 속담에 '돈 많으면 양반'이란 말이 있다. 양반은 노동을 하지 않는다. 평민들과는 핏줄이 다르다는 대단한 자부심이 있다. 조선시대 후기, 나라 재정이 궁핍해 돈 많은 평민들이 돈을 주고 양반 자리를 사는 모습이 나온다.

지금은 돈이 있으면 굳이 양반이 될 필요가 없다. 돈 많음 자체가 과거 양반의 권세를 고스란히 누릴 수 있기 때문이다. 그 자신이나 자식들이 학벌 얻기가 수월하다. 비서, 운전기사, 파출부…… 등 부리는 사람을 두고 있으면 그게 바로 상전의 모습이다.

'부귀와 영화를 누렸으면 이 몸이 족할까'란 노래 가사가 있다. 부富와 귀貴 그리고 영화榮華 3박자를 모두 갖추었다는 말인데, 요즘은 부만 있으면 귀와 영화까지 패키지로 얻을 수 있으니 정말 사람으로 태어나 부자 소리 듣는 것도 큰 보람이리라. 하지만 문제는 돈 벌기가 쉽지 않다는 것이다. 후진국일수록 사회구조가 피라미드식으로 구성되다 보니 부자 한 명에 가난뱅이 10명 꼴이다. 돈 없는 것도 서러운데 끝에 '뱅이'자까지 붙으니 없는 사람은 더욱 억울하다.

김정현의 소설 《어머니》를 보면, 아버지가 사업이 망해 도망자 신세가 되자 귀한 외동 딸 여고생이 매춘부가 되고 만다. 소설이야 현실을 반영하는 것, 우리네 삶이라고 해서 소설보다 나을 것도 없다. 그러니 돈 때문에 억장이 무너지는 것이다. 젊은 시절, 머리가 희끗희끗 멋지게 생긴 교수님 한 분이 말해 주었다.

"돈은 그리 중요한 것이 아닙니다. 그저 모자라면 약간 불편할 뿐이지요."

나도 그런 줄 알았다. 그러나 웬걸, 살아보니 약간이 아니라 엄청나게 불편한 게 가난이었다. 어린 시절에 먹고 싶은 것도 못 먹지, 지붕 위로는 쥐가 내달리고, 연탄가스는 사람 졸도하게 만들지, 공동 우물에서 물 한 번 길어오려면 어깨는 빠지지, 안 쓰고 한 달을 꼬박 모아도 부자 아이들 하루 용돈밖에 안 되지, 연애하기도 힘들지, 소주에 돼지고기 김치찌개 한 번 편히 먹기 힘들지, 불편을 넘어 힘이 쏙 빠지고 '핑' 어지러운 게 가난이었다. 가난한 건 정말 싫고 짜증나는 것이다.

그러나 부자가 될 길이 영 없는 것은 아니다. 월드컵의 태극전사 부모들처럼 어느 날 갑자기 아들이 끝내주게 유명해져서 졸지에 생활이 피는 경우도 있으나, 우리에게는 대부분 그런 행운이 없다. 그러니 부자를 보고 부러워만 할 것이 아니라 스스로 부자가 되도록 연구하고 노력해야 한다.

'돌고 도니 돈'이란 말도 있잖은가? 돈은 돌게 되어 있다. 주위를 둘러보라. 하하, 돈은 얼마든지 있다. 부잣집에도 있고, 은행에도 있고, 증권회사에도 있고, 상장기업에도 돈이 있다. 저 멀리 우리와 거래하는 미국 사람들도, 일본인들도 돈이 많다. 부정적인 방법이 아닌 한, 이제 그 돈이 돌고 돌아 내 주머니에까지 오게 하는 기술만 익히면 될 일이다.

머리가 좋은 사람은 열심히 공부만 해도 부자가 될 확률이 높아진다. 판검사, 의사, 대기업 중역 중에는 가난한 사람이 거의 없다. 열심히 공부한 덕에 부자가 된 것이다. 공부할 기회를 놓쳤거든 지금 열심히 근무하라. 웬만한 직장은 성실하게 담배 끊고 술 끊고 놀지 않고 옆 안 돌아보고 근면하게 일하면 어느샌가 중산층은 충분히 된다.

"나는 학벌도 없고, 개미처럼 죽어라 일만 할 성격도 못 되오" 하는 사람도 길이 영 없는 것은 아니다. 조그만 구멍가게라도 얻어 이리 연구 저리 분석하다 보면 쏠쏠히 돈을 모을 수 있다. 길거리의 붕어빵 장사, 야간에만 나타나는 포장마차, 건물 한 귀퉁이 구두닦이 일도 우습게 볼 게 아니다. 열심히 하는 사람은 월급쟁이 입이 따악 벌어질 만큼 번다.

문제는 마음이다.

나는 부자가 될 거야! 성공하고 말겠어! 빙글빙글 도는 회전의자의 임자가 따로 있나! 긍정적인 말을 외고 외고 또 되뇌고, 노래하다 보면 누구나 부자가 될 수 있다. 자신감이 넘치는 미소와 긍정적인 말! 이것이야말로 부자가 되는 우선 조건이다.

그런데 이리 해서 부자가 되고 나면 올챙이 시절 생각 못하는 못된 개구리처럼, 가난한 사람들을 업신여기며 개폼만 잡는 못된 졸부들이 간혹 있다. 부자가 된다고 끝나는 건 아니다. 돈 나고 사람 났지, 사람 나고 돈 났더냐. 돈은 남을 섬기라고 생긴 거지 잘난 체하라고 하늘이 준 게 아니다. 미국이 얼핏 보면 소비 사회 같지만 우리보다 훨씬 부자들의 기부 행위가 생활화 되어 있다. 연말이면 교회에 성금 내고(이 중 상당액이 불우 이웃에게 간다) 고아원, 양로원, 갱생시설, 불우이웃 그리고 저 멀리 가난한 외국에까지 기부금이 흘러들어간다. 그러니 다른 나라에게 하고 싶은 대로 다하고 큰소리치는 배경이 되는 것이다. 개처럼 벌고 정승처럼 쓰라는 말처럼 가까운 이웃이나 친척에게, 사회시설, 수재민에게, 장학금으로 돈을 쓰며 과연 부자로서의 처세를 훌륭히 하는 것도 중요하다.

누구나 자신의 위치에서 노력하고 최선을 다하다 보면 어느 정도 부자가 될 수 있다.

그 부를 멋지게 사용하다 보면 그는 온전한 부자, 존경받는 귀자, 부귀를 누린 삶을 얻게 된다. 우리 모두 부와 귀를 함께 누리는 부자가 되리라 외치자.

하하하, 난 꼭 부자가 될 거야!

가난해도 웃을 수 있다

행복함에는 두 갈래의 길이 있다. 욕망을 적게 하거나 재산
을 많게 하거나 하면 된다.
                                              -프랭클린

영구는 산동네에 살았다. 어느 날 학교에서 아이들끼리 누구네
집이 가장 높은지를 자랑했다.

"우리 집은 14층이다."

"우리 집은 25층이야."

가만히 말을 듣고 있던 영구가 한마디했다.

"너희들 약수터에 물 뜨러 내려가야 하는 집 봤어?"

얼마 전, 경기도 광주를 거쳐 분당으로 강의를 가는데 내비게이

션이 차를 산꼭대기로 몰고 간 적이 있다. 왕복 합쳐 1차로인 그야 말로 옛날식 골목길을 꼬불꼬불 달리는데 길은 울퉁불퉁 차는 흔들흔들, 내비게이션, 너 제대로 일한 거야? 4륜 구동인 게 천만다행이라고 생각하는 순간 드디어 정상, 가슴이 편안해지며 꼭대기에서 보니 온 세상이 한눈에 내려다보인다. 천상천하 유아독존. 하늘 아래 1번지. 구름 위에 떠 있는 동네. 그 옛날 '달동네'가 아직도 거대 첨단도시 옆에 이렇게 살포시 잔존하였다니.

수십 년 전 서대문구 대현동 이대 앞, 달동네 살던 그 어린 시절이 떠오른다. 집도 급수가 있었다. 고도에 따라 급수가 다르다. 평지 집은 멋진 집, 산집은 후진 집. 달동네 집이라도 내가 집주인이냐 셋방살이를 사느냐에 따라 어른들은 물론 아이들까지 급이 달랐다.

현학적이고 철학적인 사람들은 직업에 귀천이 있느니 없느니 제법 당위적이고 원론적인 말들을 구사했었지만, 귀貴와 천賤은 돈의 유有와 무無에 의해 에누리 없이 정확히 나누어진다는 것을 당시 달동네 사람들은 각박한 삶을 통해 매일매일 손으로, 발로 깨달으며 살았다.

아, 어찌 가난이 힘들고 저주스럽지 않으랴. 외식은커녕 삼겹살한 근 사기가 어려운데, 하나밖에 없는 아들에게 나이키 신발은커녕 싸구려 운동화 한 켤레 새 것으로 사주지도 못하는데!

동서고금에 걸쳐 가난은 불편, 짜증, 분노, 환멸, 배척의 대명사였다. 가난은 누구나 피하려 한다. 가난은 누구나 배척한다. 가난 때문에 괴롭다. 가난 때문에 자존심 상한다. 가난 때문에 울화통 터진다. 그러나 가난이라고 마냥 나쁘기만 하랴?

서울역에서 노숙하는 부자父子 가 부자富者에 대해 토론을 나누고 있었다.

"아버지, 호화 주택에 강도가 들었대요."

"넌 아버지를 잘 둬서 강도당할 일이 없는 거야. 일단 강도가 털어갈 품목이 없잖아."

"아버지, 이번엔 고층 빌딩에 불이 나서 사람들이 많이 다쳤대요."

"거봐라. 서울역은 불나면 우리가 신고 안 해도 국가 차원에서 해결해 준단 말이야."

노숙자 부자의 우화를 통해 우리는 그네들의 삶도 상당히 매력적이란 걸 발견하게 된다. 그들에게도 나름대로 삶의 풍요가 있다.

1. 재물을 잃을까 불안에 떨지 않아도 된다.
2. 강도, 절도, 횡령, 사기, 제비족 등의 접근이 원천적으로 차단

되어 있다.

3. 화재, 수마, 지진, 쓰나미 등으로 인한 재산의 손실을 입을래야 입을 수가 없다.

4. 전기료, 수도세, 하수도세, 주민세, 난방비 등 각종 공과금의 지출 의무가 없다.

5. 무엇보다 월요병, 상사의 비난, 실적 달성 압박 등 조직 생활에서 오는 각종 스트레스를 피할 수 있다.

가난하게 살 이유는 전혀 없지만 스스로 가난을 택해 가난의 고통이 별것 아니란 것을 몸소 보여주는 분이 있다. 법정 스님이다. 그분은 책 인세만 해도 한 재산가가 될 수 있고 세상의 알려짐이나 사찰의 대우를 받아들여도 충분히 명성을 누리려 살 법하지만 다 내려놓았다. 깊고 깊은 옹달샘, 새벽에 토끼가 눈비비고 일어나 세수하러 왔다가 물만 먹고 갈 것 같은 심심산골, 상수도도, 전기도, 인터넷도, 전화기도, 냉장고도, TV도, 신문도, 라디오도, 선풍기도, 에어컨도, 방범시설도 없는 곳에 덩그러니 홀로 들어가시더니 그냥 가난하게 산다. 그런데 너무 행복하시단다.

"스님, 불편하지 않으세요?"

"너무 좋아!"

인터넷이 없으니 '누가 나 욕하는 댓글 달지 않았나' 고민할 필요도 없고, 전화가 없으니 한밤중에 '혹시 중국집 아니에요?' 잘못 걸린 전화 때문에 황당해 할 필요도 없어 좋다. 가난을 재구성하여 행복으로 바꾼 삶이다.

돈 없는 가난이 무서운 게 아니다.

진정 두려워할 것은 열등감에서 헤어나지 못하는 가난, 웃음 없는 가난, 희망 없는 가난이다. 사실 돈이 없으면 움츠러든다. 그런데 돈이 없다고 해서 얼굴까지 우거지상으로 찌푸리고 산다면 두 배로 억울하지 않은가?

이렇게 생각하면 어떨까? 난 돈이 없으니 마음이라도 부자로 살아야겠다. 땅 부자 집 같은 부자는 아니지만 웃음 부자로 살아보는 건 어떨까? 부자들보다 두 배는 더 웃어보자고 말이다. 있는 사람들보다 더 행복하게 오순도순 살아보자고.

세상에는 이렇게 현명하면서 가난한 이들도 많다. 이렇게 살다가 마음의 복뿐만 아니라 물질의 복까지 덤으로 받은 사람들도 많다. 세상의 어떤 어려움도 당신이 허락하지 않는 한 절대로 당신으로부터 행복을 빼앗을 순 없다.

절약, 실천이 중요하다

아끼는 사람은 가난해 보이면서 알부자가 되고 헤픈 사람은
부자로 보이면서 가난해지는 사람이다.   -N.W.

그때가 인터넷을 연결한 지가 얼마 안 돼서 엄마는 제가 컴퓨터
만 하면 신기한 듯 쳐다보시곤 하셨습니다.

제가 채팅하는 컴퓨터 화면에 글이 써지는 걸 가만히 지켜보시더
니 한마디 하시더군요.

"잉크 아껴 써라~"

전에 못 봤던 〈해리포터와 비밀의 방〉을 비디오로 빌려보기로
했다. 옷을 챙겨 입고 나가려는데 돈이 없는 것이다. 마침 눈앞에

TV를 보고 있는 아버지가 있었다.

나 : 아버지, 비디오 빌려보게 돈 좀 줘요.

그렇게 말하면서 아버지의 표정을 살폈다.

아버지 : 뭐 볼 건데?

나 : 해리포터와 비밀의 방요.

그러자 아버지의 한마디.

아버지 : 둘 중에 하나만 보거라!

우리의 부모세대는 그 편리한 인터넷을 모르는 컴맹, 넷맹도 많고 그 재미있는 판타지 소설을 잘 모르는 사람들도 많다. 그러나 그들이야말로 지금 자녀 세대들이 배부르고 자유롭고 편리하고 재미있게 살 수 있는 세상을 만들어 놓은 주체들이다. 아껴 쓰고 나눠먹고 바꾸어 신고 다시 수선해 입으며 오늘의 풍요의 기반을 만들었다. 그러기에 기성세대는 절약이 습관화되어 있다. 어린 시절 누가 실컷 쓰라고 해도 쓸 돈이 없었고 음식이 부족해서 배불리 먹을 수도 없었다. 정주영 회장이 세계적인 회사 총수가 되었어도 30년 된 구두, 40년 된 벨트를 사용한 것도 그런 맥락이다. 지금 우리가 풍요로운 건 기성세대의 피와 땀의 결과다.

절약이야말로 성공한 사람들이 가진 공통의 습관이다. 어려운 상황에서도 종자돈을 모아 기어이 자기 사업을 하는 사람이 있다. 수년간 지독하게 절약한 결과, 그 후 수십 년을 성공한 사람으로 풍요롭게 산다. 반면 돈도 없으면서 낭비가 습관화되어 항상 적자 인생에서 벗어나지 못하는 사람도 있다.

어떻게 절약할 것인가?

과식을 안 하면 돈도 이익이요, 다이어트도 된다. 과음을 안 하면 돈도 안 나가고 건강도 좋아진다. 꿩 먹고 알 먹고, 누이 좋고 매부좋은 일이 아닐 수 없다. 이면지를 활용했더니 갑자기 A4 용지가 두 배로 늘어난다. 공공요금을 자동이체시켜 놓았더니 1~2% 절감이 된다. 공항이나 마트에서 캐시백을 이용했더니 2~3% 돌려받는다. 따져보면 절약할 게 수십 수백 가지다.

그냥 아끼는 게 소극적인 절약이라면 적극적인 절약도 필요하다. 외국정부는 보유한 달러를 적극적으로 투자해서 막대한 이익을 남긴다. 반면 한국 정부는 너무 안전 위주로 투자한다는 비난을 받은 적이 있다. 예수의 달란트 비유가 있다. 다섯 달란트를 투자해 십 달란트로 만든 사람은 칭찬받고 한 달란트를 그저 묻어놓은 사람은 야단을 맞는다.

시간절약도 중요하다. 성공한 사람들은 돈보다 시간의 흐름을 더 아쉬워한다. 반면 실패자들은 시간의 가치를 모른다. 실패했으니 촌음을 아껴야 하건만 술과 도박으로 귀한 시간을 하염없이 낭비한다.

젊을 때 시간이 중년의 시간보다 가치 있는 것은 무엇인가? 적어도 건강, 공부, 연애는 젊은 시절에 확실히 해두어야 한다. 요즘 똑똑한 2030들은 시간 내서 요가를 하고 몸에 좋은 제철 음식을 먹는다. 나이 먹어 어쩔 수 없이 습관을 바꾸는 사람들에 비하면 수십 년을 버는 행동이다. 어릴 때부터 독서교육을 시키는 부모들이 있다. 집을 도서관같이 만들어 책 속에 파묻혀 엄마와 딸이 술래잡기하고 아빠와 아들이 함께 뒹군다. 모두 시간을 버는 지혜로운 행동들이다.

기 절약도 중요하다. 기절약? 기절에서 깨어나기 위한 약이 아니다. 기氣를 절약한다는 뜻이다.

(   ) is money.

괄호 안에 들어갈 말은 무엇일까? 시간time도 맞는 답이지만 기운이야말로 돈이다. Energy is money!

나이를 먹으면 활력이 줄어든다. 게다가 필요 없는 온갖 정보들, 골치 아프게 하는 잡생각, 영양가 없는 별의 별 일에 참견하기, 과도한 자기 연민, 이런 것들이 우리의 정신적 에너지를 낭비하게 한다. 기운의 낭비를 금해야 한다. 생각이 많으면 기가 허해지고 에너지가 줄어든다. 성공하는 사람들은 항상 웃는다. 이유가 있다. 큰 목표임원승진, 연소득 100억 분기가 있기에 자잘한 일들에 신경쓰지 않는다. 반면 실패하는 사람들은 머릿속이 복잡하다.

오늘 술 사줄 친구 없나?

박 대리는 왜 나 보고 인사를 안 했을까?

친구 놈은 부모 잘 만나서 잘 사는데 난 이게 뭐야, 흑흑.

유머와 웃음은 머리를 맑게 하고 활력을 준다. 유머형 인간이 되라. 돈 절약, 시간 절약, 에너지 절약, 결심이 아니라 실천이 필요하다.

연봉을 올려라

어떻게 하는지 아는 사람은 쉽게 일자리를 얻지만, 왜 해야
하는지를 아는 사람은 그 사람을 부리는 윗사람이 된다.

-C. W.

어느 회사에서 '회사를 발전시키는 방법'에 대해 회의를 하고 있
었다. 그런데 오랜 시간이 흘러도 마땅한 아이디어가 나오지 않았
다. 그러자 어떤 사람이 반대로 '회사를 망하게 하는 방법'에 대해
서 토의해 보자고 제의했다. 그러자 아이디어가 봇물처럼 쏟아졌
다. '근무 시간에 인터넷 도박만 한다. 사우나로 출근한다. 직원 식
당을 없애고 호텔 뷔페에서 점심을 제공한다……' 등등.

그 순간, 이제까지 아무 말 없이 회의를 지켜보던 한 간부가 입을

열었다.

"회사를 지금 이대로 둔다. 이상."

이 회사 사람들은 회사가 잘 되는 방법보다는 망하는 방법에 도가 튼 듯하다. 부자가 되어 자신만 호의호식하는 것 못지않게 남 잘 되는 것을 배 아프게 생각하고 자신의 실패에 대한 원인을 사회구조나 남에게서 찾는 것도 바람직하지 못한 건 매일반이다.

막스 베버는 《자본주의와 프로테스탄트 정신》이라는 책에서 사람들이 부자가 되는 건 신이 기뻐할 일이라고 했다. 성공, 승진, 부자가 되는 걸 간절히 소망하고 마침내 성공했을 때 주위의 축하를 받고, 이것은 진정한 자본주의 모습이다. 그러나 우린 남들 부자 되는 것도 성공하는 것도 건전하게 보지 못한다. 의심의 눈초리로 '혹시 무슨 부정은 없었나? 혹시 무슨 지연 학연의 음모는 없었나?' 경계하기 일쑤다.

메이저리그에 진출한 박찬호가 거대한 체구의 서양 선수들로부터 심진을 잡고 완봉하는 것을 보는 것은 우리나라 야구팬들에게는 큰 즐거움이었다. 그런데 텍사스로 이적한 후부터 갑자기 부상과 슬럼프로 인해 실망스런 성적을 냈다. 기업체 나가서 강의 첫 부분에 잘나가는 박찬호를 언급하며 청중을 사로잡았던 나는 난감했다.

이런, 어쩌지?

나는 답이 안 나오면 긍정적으로 해석하는 습관이 있다.

그래, 하하, 이거야!

"여러분! 박찬호 실력이 안 나온다고 걱정 마세요, 연봉은 다 나오거든요."

사람들이 '와' 웃는다. 사실 박찬호 자신은 슬럼프에 대해 별 걱정을 안 한다. 선수 생활 중 항상 겪는 것이 슬럼프이기에. 어떤 선수라도 100%의 컨디션을 유지하기란 힘들다. 감기, 인대, 골절, 타

박, 수술, 부상 등으로 1년 중 3분의 1 가량은 필드에서 뛰지 못한다. 그럼에도 박찬호 같은 특급 선수가 받는 연봉은 대단하다. 연봉과 광고료 등 부가 소득을 합치면 하루 1억 가까이 된다니 보통 사람은 쓰는 것도 어려운 금액이다.

생각해 보라. 아침에 일어나 모닝커피, 칫솔 치약, 아침 식사, 조간신문⋯⋯. 이렇게 해서 자기 전까지 1억을 쓸 수 있겠는가? 박찬호가 전년연봉보다는 수직하락했지만 왕년의 기량을 다시 보여주어 또 한 번의 대박 잡길 기대한다.

대통령 연봉이 1억 3천만 원 정도인데 금융감독원 부원장 연봉은 그보다 천만 원 정도 더 많다고 해서 화제가 된 적이 있다. 권위적인 시대, 수직적 위계질서의 시대 같으면 상상도 할 수 없는 일이다. 그러나 지금은 이런 일이 얼마든지 벌어진다. 연예계의 신동엽, 이휘재, 김혜수, 전도연, 고현정 등은 한 회당 천만 원 가까이 받아간다. 연봉으로 치면 수십 억을 호가한다. 한국 농구계의 특급 센터 김주성도 계속 연봉이 오른다. 1억, 2억, 3억, 4억, 광고 수입까지 합치면 대단한 액수다. 대한민국 최고의 기입 소수 대표이사급도 이 정도를 수령한다.

왜 유명한 사람들은 이런 천문학적인 연봉을 받을까?

쥐꼬리만 한 연봉을 받는 대부분의 서민들 입장에서는 수긍하지 못할지 몰라도 조직으로부터 그만한 가치가 인정되기 때문이다.

연봉제는 사회의 많은 부분을 변화시키고 있다. 과거 월급제 시대의 특징은 평생 고용, 연공서열 문화였다. 처음에는 수입이 적어도 시키는 대로 열심히 일하고 묵묵히 선배를 따르면 평생 고용이 보장되고, 쥐꼬리만 한 월급이 쥐 몸통만 해지는 보람을 얻게 되는 구조였다. 그러나 어느 날 갑자기 나(I) 미치고(M) 환장(P)하는 체제에 들어서면서 봉급쟁이 태반이 쫓겨나더니 남은 인력들도 연봉제로의 개편이 시작된 것이다. 달콤한 봉급제는 갔다. 그러나 이미 시대는 변했다. 용렬하게 지나버린 시대를 뒤돌아보지 말고 용감하게 새로운 시대가 요구하는 능력을 갖추도록 하자.

연봉제 시대는 새로운 문화적 특징이 있다. 지시 문화가 아니라 설득 문화다. 생산자가 고객에게 '물건 만들었으니 사시오' 했던 게 과거 행태다. 생산자 우위의 시대가 끝나고 소비자 우위의 시대에 돌입한 지금은 왜 구입해야 하는지, 왜 이 제품을 구입해야 하는지, 왜 지금 바로 구입해야 하는지 고객을 설득해야 한다. 사장이 직원에게 이리하라, 저리하라 지시한다면 그 역시 옛날 방식이다. 업무에 대해서 회사의 비전에 대해서 리더의 목표에 대해서 직원들을 설득해야 한다. 물론 직원들도 임원을 설득해야 한다. 면접 때부터 자신의 장단점에 대해 자신이 조직에 어떤 이익을 줄 수 있는지 설득할 수 있어야 한다. 그래서 최근에 토론식 면접이 생기고 있는 것이다.

설득 문화는 자연히 계약 문화로 이어진다. 예전에는 그저 열심히 일하면 그때 그 시절 '대한 늬우스'에서 보아왔듯 명절날 선물 한 아름씩 을 하사받아 고향 가는 버스에 올라타는 기분이 삼삼했다. 물론 명절 선물을 준다는 계약 같은 것은 없었다.

계약 문화는 자연히 표현 문화로 이어진다. 과거에는 나이 먹을수록 봉급이 올라갔기에 그저 세월 가기만 기다리면 되었다. 그러나 지금 나이 먹어 좋을 것은 하나도 없다. 연봉이 오르기는커녕 오히려 40대 이상은 더 쉽게 잘린다. 가만히 있으면 안 된다. 자신을 분명하게, 그러면서도 탐스럽게 피알PR할 수 있어야 한다. 영어와 컴퓨터 기술은 물론 유머, 화술, 사회, 토론, 협상, 무대 화법, 감동 화법의 능력이 필요한 시대다.

표현 문화는 자연적으로 포지티브 문화를 이룬다. 긍정적인 사람이 성공한다. 7080 노래는 네거티브 문화의 산물이었다. 매사에 자신이 없고 소극적이었다.

"사랑한다 말할까, 아니야 난 말 못해. 난 여자이니까."

"여자니까 참아야만 한다고."

지금은 변했다.

여자가 남자에게 요염하게 가져보란 말도 하고, 엉덩이가 탐나지 않니 유혹도 하고, 꺼지라고 외치기도 하고, 프러포즈도 적극적으로 한다. 가사만 변한 게 아니고 젊은이들의 삶도 이렇게 변했다.

포지티브 문화는 결과적으로 소비자 중심 문화를 가져온다. 과거에 판매인들은 철저히 고객을 무시했다. 택시기사는 여자 손님이나 안경 낀 손님을 태우기 꺼려했다. 매장에서 물건 고르다가 그냥 나가면 욕을 하거나 소금을 뿌려댔다. 지금은 물건을 구입하면 쓸 만한 것도 회사에서 리콜해서 더 좋은 것으로 바꾸어 준다. AS를 원하면 친절히 상담해 주고 24시간 내에 친절히 서비스해 준다. 또 다음날 콜센터 아가씨가 친절한 목소리로 전화해서 만족도까지 확인한다.

연봉제 시대에 생존하려면 그리고 성장하려면 자신의 문화 코드를 시대가 요구하는 방식으로 맞출 필요가 있다. 당신이 살아가는 이 시대가 당신을 위해 존재한다고 믿고 신나게 열심히 살아가라. 그러다 보면 조만간 친구와 연봉을 비교하며 흐뭇하게 웃는 당신을 발견하게 될 것이다.

우하하, 넌 동그라미가 겨우 일곱 개냐, 난 여덟 개다!

만년 과장 탈출하기

내일은 내일의 태양이 뜬다. 　　　– 영화 〈바람과 함께 사라지다〉 중에서

그날도 만년 과장 Y씨는 부하 직원들과 3차를 향해 가고 있었다.

"야! 너희들! 오늘 나 확실히 책임지는 거지?"

"그럼요, 과장님. 걱정 꽉 붙들어 매십시오."

하지만 술에는 장사 없다. 결국 Y과장은 3차에서 술 마시다 필름이 끊겼다.

다음날 아침, 서늘한 한기가 느껴져서 눈을 뜬 Y과장! 길바닥에 누워 있는 자신을 발견했다. 배 위에 살포시 놓여 있는 짧은 메시지와 함께.

'밟지 마시오!'

서러운 광경이다. 그러나 어쩌랴. 과장은 과장인걸. 30대 이사가 있는 반면 50대 과장도 있다.

만년 과장을 탈출하는 방법이 3가지 있다.

첫 번째, 과감하게 변신하는 것이다. 요즘 신세대 샐러리맨들은 새로운 아이디어, 기발한 아이디어를 통해 고위층의 환심을 사고 있다. 신세대를 벤치마킹하자. 복지부동, 복지안동, 무념무상, 돌부처 과장, 상사 말이라면 '백 번 지당 딸랑딸랑' 종복의 이미지를 벗어버리고 새로운 변신을 꾀하라. 40대면 어떻고 50대면 어떤가? 청바지를 입고 출근해 보자. 머리에는 색다른 염색으로 새로운 이미지를 연출해 보자. 임원들의 말에도 과감히 'NO!'를 외쳐보는 거다. 물론 매사가 다 그렇듯이 이 비법도 항상 좋은 면만 있는 것은 아니다. 잘못되면 그나마 아슬아슬 달랑거리던 목숨이 그날로 끊어질 수도 있으니까.

두 번째, 과장에서 사장으로 승진하는 것이다. 과감히 사표를 내고 나만의 사업을 갖는 것도 한 방법이다. 세일즈맨, 호프집, 노래방, 분식집, 꽃배달, 배달전문 중국집, 이런 저런 체인점 등등. 물론 확실한 시장조사와 자신의 적성 파악, 가족의 지지가 선행되어야 함은 물론이다.

세 번째, 그냥 지금 사는 대로 지내며 요행을 바라는 것이다. 매주 복권을 두 장씩 산 후 정화수 떠놓고 간절히 빌어보라. 지성이면

감천, 혹 수십 억이 생길지도 모르는 일이니.

많은 사람들이 이 셋 중 하나를 꿈꾸고 기획하고 있다. 그러나 또 한 가지 사족처럼 제안을 한다면 지금의 위치가 못마땅할지라도 감사하며 묵묵히 오늘도 최선을 다하는 것 또한 좋지 않을까 생각한다.

하하, 만년 과장이면 어떠냐? 만년 대리보다 낫지!

자부심은 상대에게, 돈은 내가

그러므로 너희는 무엇이든지, 남에게 대접을 받고자 하는 대
로 너희도 남을 대접하여라.
                                                    —마태복음 7:12

한 생명보험 영업사원이 유명한 대기업 회장을 만나기 위해 무던
히도 애썼지만 비서실에서는 전혀 반응이 없었다. 최후의 수단으
로 그는 회장에게 편지를 썼다. 그러자 바로 다음날 비서실에서
'회장님이 만나보고 싶어 하신다' 는 기쁜 전갈이 왔고, 그는 그 면
담을 통해 거액의 보험 계약을 체결할 수 있었다.

편지 내용은 간결했다.

'저는 하나님도 매일 아침 저녁으로 만난답니다. 그런데 회장님
은 영원히 만날 수가 없군요.'

회장은 단 한 줄의 메모를 통해 많은 걸 느낄 수 있었다.

1. 이 사원은 신앙인이다.
2. 그것도 매일 기도하는 사람이다.
3. 이 사람은 신을 만나기 위한 노력 이상으로 나를 만나기 위해 최선을 다했구나.

신만큼이나 소중한 고객으로 생각했다는 상대의 고백에 회장은 두 손을 들 수밖에 없었다. 인간은 누구나 자신에 대한 자부심이 있다. 내가 어때서, 내 생각은 이래, 내가 말해 볼까, 내가 알기로는…… 인간이 가장 잘 사용하는 단어는 '나'다. 우리만 그런 게 아니고 미국에서 조사한바도 마찬가지다. 누구나 '나'라는 단어를 가장 많이 사용하고 가장 강하게 발음한다. 고객에게 자부심을 줄 때 고객은 상인에게 기꺼이 돈을 지불한다.

옷가게 여주인의 손님별 환대법

● 뚱뚱한 손님이 왔을 때 : "어머나! 듬직도 하셔라."
● 빼빼 마른 손님이 왔을 때 : "어머나! 날씬도 하셔라."
● 키 큰 손님이 왔을 때 : "어머나! 훤칠도 하셔라."
● 키 작은 손님이 왔을 때 : "어머나! 아담도 하셔라."

● 위 손님들이 동시에 왔을 때 : "어머나! 개성들도 강하셔라."

상대를 기분 좋게 하는 것이 성공의 지름길이다. 문제는 이 방법이 쉬운 것 같으면서도 쉽지 않다는 데 있다. 지금부터 한 시간 동안 시내 상가를 돌아다녀 보자. 간판 제목이나 인테리어, 평수나 주차공간은 신경 쓰지 말고 상인들의 화법을 잘 살펴보라. 의외로 부정적인 사람들이 많다는 점을 발견하게 될 것이다.

"내가 돈이 없어서 장사하는 게 아니구~"

"다른 손님들은 국이 짜다고 하지 않던데."

"너무 짧게 깎았다구요? 그럼 손님이 미리, 약간 길게 커트하라고 말씀하셨어야지요."

모두가 한결같이 자신의 자존심을 지키려 애쓰고 있다는 것을 발견할 수 있다. 하지만 상인이 자존심을 지키려 하면 할수록 고객은 지갑을 지키려 한다는 것을 알아야 할 것이다. 상인(기업가, 영업사원, 설계사, 네트워크 마케터 등등)의 최고 덕목은 매출을 많이 올리는 것이다. 그것이 그의 진정한 가치가 된다.

성공한 사람들은 자잘한 자존심에 연연하지 않는다. '성공'이라는 분명한 목표가 있기에 사소한 클레임, 사소한 거절, 사소한 지적에 상처받지 않는다.

성공한 사람

1. 성공이라는 구체적 목표가 있다.

2. 상대의 지적은 나의 발전의 초석임을 알고 미소를 보인다.

3. 자부심은 상대에게 주고 돈은 내가 갖는다.

실패한 사람

1. 삶에 구체적 목표가 없다.

2. 상대의 지적을 도저히 참지 못하고 이를 간다.

3. 자부심은 내가 갖는 대신 돈은 못 얻는다.

상대가 나를 찾아온 것만 해도 얼마나 감사한가? 비록 거절을 한다 해도 애당초 날 찾지 않은 손님에 비하면 훨씬 고마운 분 아닌가? 매사 감사한 마음으로 웃음을 간직하라, 웃음이 복을 가져다 주리니.

경제 교육이 가장 큰 유산이다

자녀에게 물려줄 최상의 유산은 자립해서 제 길을 갈 수 있
는 능력을 길러주는 것이다.
－이사도라 던컨

어머니가 어린 아들을 데리고 장을 보러 갔다. 식료품 가게 주인
은 어린애에게 버찌 한 움큼을 가지라고 권했으나 녀석은 망설였다.

"너, 버찌를 안 좋아하니?" 하고 가게 주인이 물었다.

"좋아해요."

그러자 주인은 버찌를 한 움큼 집어 아이 호주머니에 넣어주었다.

"왜 가지라는데도 망설였니?"

집으로 돌아오는 길에 아이의 어머니가 물었다.

아들은 즉시 대답했다.

"그 아저씨 손이 내 손보다 훨씬 크잖아."

아이의 경제 감각이 대단하다. 어차피 한 번의 기회가 온 것, 가장 효과를 극대화하는 방법을 알고 있다.

부모가 자식에게 가르쳐야 하는 교육에는 여러 가지가 있다.

'거짓말하지 마라.'

'어른들에게 공손하라.'

'나라에 충성하고, 장유유서를 지켜야 하고, 친구 간에 신의가 있어야 하고……'

한국 사회에서는 '사농공상'의 영향인지 정신적 가치에 대한 교육에만 힘을 썼다. 경제에 대한 교육은 왠지 천박한 것 같고 바람직하지 않은 것처럼 여겨졌다. 오히려 돈을 멀리하는 격언이나 속담 등이 더 많았다.

'황금 보기를 돌같이 하라.'

'사람 낳고 돈 났지, 돈 낳고 사람 났냐?'

돈을 절대화하여 비인간적인 삶을 사는 것은 어리석은 일이지만 돈을 지혜롭게 활용하고 경제 감각을 익혀 삶을 풍요롭게 하는 교육을 늦춰서는 안 된다.

딸이 초등학교 다닐 무렵부터 경제관념에 대해 이야기한 기억이 난다. 《부자 아빠 가난한 아빠》를 읽고 나서였다.

"아빠가 왜 유머 강사가 되었는지 아니?"

"몰라요."

"아빤 어렸을 때 잘하는 게 없었어. 박주영만큼 공을 잘 차는 것도 아니고, 의사가 될 만큼 죽기 살기로 책을 파고드는 학생도 아니었고, 그렇다고 기계를 잘 다루는 것도 아니고 말야. 하지만 재미있게 말하는 데는 누구보다 자신이 있었거든. 자기가 가장 잘할 수 있는 일을 선택하는 게 아주 중요해. 그러면 돈도 많이 벌 수 있단다."

그러고는 다시 '희소가치, 선점효과'의 중요성에 대해서 이야기해 주었다.

"다희야, 너 대학 가면 실용음악 공부하고 싶다고 했잖아. 그 방향으로 성공해서 네가 좋아하는 신화 멤버들도 만나면 좋겠네."

좋아하는 그룹 신화 이야기가 나오니 아이가 웃음꽃이 핀다.

"국민소득이 높아지면 음악에 대한 수요는 늘어날까, 줄어들까?"

"늘어나겠죠."

"맞아. 그러니 넌 잘 선택한 거야."

앞으로도 우리 아이의 성공적인 인생설계를 위한 대화를 자주 나눌 예정이다. 부모가 일생동안 자식을 지켜줄 수도 없고 그게 바람직한 행동도 아니다. 자녀 스스로 슬기롭게, 당당하게 살아갈 수 있도록 경제 교육을 철저히 시키는 것은 무엇보다 중요한 일이다.

유머형 인간이
미래를 잡는다

유머형 인간은 여유만만하다

유머형 인간은 자신을 믿고 세상을 믿는 사람이다.
노력하고 공부하면 나아질 것을 믿는 사람이다.
반면 낙담형 인간은 시작하기도 전에 겁을 먹고 현재에 매몰되는 사람이다.
유머형 인간이 성공할 수밖에 없는 이유다.

미래를 잡아라

언제나 신선한 달걀로 남을 수는 없다. 병아리로 부화되든지 곯든지 해야 한다.

-C. S. L.

각각 아이가 한 명씩 있는 이혼 남녀가 결혼을 해서 둘 사이에 아이 하나를 낳았다.

그러던 어느 날 아내가 헐떡이며 들어와 남편에게 외쳤다.

"여보, 큰일 났어요!"

"무슨 일인데 그렇게 호들갑이야?"

"당신의 아이와 나의 아이가 우리의 아이를 때리고 있어요!"

100여 년 전 조상들이 다시 살아와 요즘 가정의 모습을 보면 얼마나 놀랄 것인가? 가정의 모습도 변하고, 여성 패션도 변하고, 세상이 변하고 있다. 경제계에서는 제3의 물결이 휘몰아친 지 이미 오래고, 정치계에서도 무능이란 말은 나올지언정 독재란 말은 사라진 지 오래다. 우리 삶의 모습도 사회의 변동에 따라 급속히 바뀌고 있다. 새로운 미래가 다가오는 징조들이다.

어렸을 때 마당에서 물 펌프질을 했던 일이 생각난다. 물 한 바가지 집어넣고 힘차게 펌프질을 하면 물이 콸콸 쏟아졌다. 요즘은 이것도 골동품 가게에서나 볼 수 있다. 예전에는 승용차라면 무조건 검정색이었다. 요즘은 어떤가? 크레파스 종류보다 더 다양한 색상들이다. 검정, 하양, 은빛, 노랑, 빨강, 주황, 보라, 연두, 청색, 회색……. 예전에는 카폰이란 게 있었다. 차만 있어도 부자인데 차에서도 전화를 할 수 있는 카폰을 보고 사람마다 입이 딱 벌어진 게 불과 얼마 전이다. 그랬는데 요즘은 너도 나도, 할머니와 초등학생도 가지고 있는 게 휴대전화이다. 처음에는 아령만 하던 것이 점점 작아져 도시락, 두부, 담뱃갑 정도로 작아지더니 요즘은 명함처럼 얇고 가벼운 것도 나왔다. 기술도 발진하고, 역사도 발전하고, 기업도, 대학도 발전하고 동네도 발전한다.

이것이다, 라고 말하면 금방 누가 아니다, 이것이 맞다고 말한다. 헤겔은 '이게 맞다!正 아니다!反 그럼 너와 나의 장점을 합치자!合'의 '정반합 이론'으로 역사의 발전을 말했고, 종교인들은 신의 예

정대로 사회가 발전한다는 '예정론'을 말하고 어떤 학자들은 '진화론'을 말하지만 분명한 건 변한다는 사실 빼놓고는 안 변하는 게 없다는 것이다.

언제나 세상의 변화와 흐름을 읽을 줄 아는 사람은 귀한 대접을 받았다. 과거에는 무당이나 예언자가 특수 대접을 받았다면 지금은 앨빈 토플러 같은 미래학자들이 대접받는 세상이다. 5년 후, 10년 후 어떤 일이 벌어질지 알 수 있다면 누구나 크게 성공할 수 있다. 수십 년 전, 몇 천 원 하던 여의도 땅이 지금 수천만 원으로 오를지 미리 알 수 있었다면 누구라도 투자했을 것이다. 미래가 어떻게 변할지 정확히 예측한다는 것은 거의 불가능하다. 그러나 조금만 머리를 쓰고 관찰해 보면 대강은 맞출 수 있다.

자, 미래 예측 작업을 해보자.

컴퓨터의 크기가 점점 작아진다. 처음에는 산만하던 본체에 모니터에, 자판에, 스피커, 마우스까지 한 살림이더니 노트북이 나오고 손바닥만 한 PDA도 나왔다. 인간들은 더욱 가볍고 쉽게 보관할 수 있는 상품을 원한다. 라디오가 나오고 TV가 나오더니 이젠 컬러에 다양한 극장식 음향까지 선사하는 DVD가 나오고 DMB도 나왔다. 인간은 더욱 재미있는 상품을 원한다는 것을 알 수 있다.

예전에는 밥을 지으려면 돌을 걸러내고 물을 붓고 불에 앉힌 후 뜸을 들여 먹었다. 보온밥통을 사러 일본까지 원정을 다니더니 요즘은 전자레인지에 30초면 먹을 수 있는 밥도 나왔다. 인간은 시간을 절약해 주고 수고를 덜어주는 상품을 원한다. 옛날에는 물건 사러 가게에 가면 주인이 참 불친절했는데 요즘은 엄청 친절하다. 인간은 자신을 귀하게 여겨주는 업소를 좋아한다.

그럼, 이제 이 모든 것을 종합해 보자. 당신이 상품을 고객에게 생산, 판매, 제공해 줄 때 좀더 가볍고, 예쁘게, 빨리, 간단하게, 친절하게 제공해 주면 당신은 성공할 것이다. 앞으로는 세상이 그쪽으로 발전할 게 틀림없다.

사고가 과거의 어느 시점에서 한 발자국도 나아가고 있지 못하는 사람이 있다. 이 사람은 과거에 이랬으니, 저 상품은 과거에 저랬으니 하면서 말이다. 이런 사고를 '고정관념'이라 칭한다. 세상은 변하는데 고정관념에 매여 있으면 그의 미래가 어떨지 안 봐도 훤하다. 지금 흐르는 강물은 어제의 그 물이 아니란 사실을 알아야 한다. 세상을 예의 주시하라. 그러면 사업도, 가정도, 학업도, 인생도, 남보다 앞서갈 수 있다.

과거에는 고정관념이 생기는 것이 어찌 보면 당연했다. 세상이 변하지 않는 듯 보였기 때문이다. 농업 중심 사회에는 좀처럼 변화가 없었다. 고구려 시대에도 조선 시대에도 봄이면 씨앗 뿌려 여름이면 꽃이 피고 가을에 작황이 좋으면 풍년 되어 겨울이면 행복했다.

그러나 지금은 절대적으로 창의력이 필요한 시대다.

전국 방방곡곡 강의를 다니는 나는 외식하는 경우가 많은데 가끔 재미있는 간판을 보고 웃곤 한다.

"TV에 한 번도 안 나온 집"

"두 번째로 맛있는 집"

하하, 너도 나도 TV에 나왔다고 자랑하는 판인데 안 나왔다니 재미있군. 한번 들어가 볼까. 그런데 한 두어 달 있으니 전국에서 그 간판을 모방해서 너도 나도 'TV에 한 번도 안 나온 집'이란 간판이 넘친다. 특이한 것은 처음엔 희소가치로 인해 흥미와 관심을 유발하지만 그 다음부터는 역겨운 법이다. 두 번째로 맛있다는 집도 그렇다. 처음엔 누구의 발상인지 참 재미있다고 생각했다. 그러나 얼마 후 너도 나도 두 번째라고 토씨 하나 다르지 않게 그대로 모방한 걸 보고 실소했다.

이건 아니다. 조금만 머리를 짜내면 고객의 관심을 끌 특이한 간판을 내걸 수 있으련만 머리를 쓰는 게 아까운지 남이 가는 길로 그대로 가는 게 너무 안타깝다. 이것은 곧 실패의 지름길이다.

고정관념 시대에서 창의력 시대로, 획일화 시대에서 다양성 시대로, 산업화에서 정보화로, 근면 문화에서 유머 문화로 변해가는 시대의 흐름이 보인다면 10년 후, 세상의 주인공은 당신이 될 것이다.

꿈은 이루어진다

아직 이 세상에서 완전히 알려지지 않은 위험한 영역이 있
다. 그것은 대륙이나 해양이 아닌 사람의 마음이다. - A. E. C.

한 노신사가 교회에 기도하러 들어갔다. 누추한 차림의 사내가
기도하고 있었다.

"하나님 아버지, 저에게 100달러만 주세요. 100달러만 주세요."
하고 중얼거리고 있었다.

옆자리 노신사는 지갑에서 100달러를 꺼내서 기도하던 사람에
게 주었다. 기도하던 사람은 곧 "할렐루야!"를 외치며 뛰어나갔다.

노신사가 의자에 앉았다. 조용히 두 손을 모으고 기도했다.

"하나님, 이제 제 기도에만 집중해 주십시오."

누추한 사나이의 꿈은 이미 이루어졌고 노신사의 희망도 곧 이루어질 것이다. 간절히 소망하면 무엇이든 이루어지게 되어 있는데 이를 일러 전문 용어로 '신념의 마력'이라 한다.

요즘 초등학생들한테 장래 희망을 물어보면 과거에 비해 '연예인' '스포츠맨' 등 인기인이 되고 싶다는 말을 많이 듣는다. 스타가 되어 신나게 살고 싶다는 말이다. 뜨기 위해서는 제일 먼저 자기 적성에 맞는 분야를 제대로 골라야 함은 두말할 나위도 없다.

내 초등학교 때 적성검사 결과가 떠오른다. 예견되는 장래 직업이 연기자로 나왔다. 어린 나이에도 퍽이나 이상했다. '내가? 난 내성적인 성격인데……' 그런데 사실은 내 안에 끼가 숨어 있었나 보다. 고등학교, 대학을 거치다 보니 무대에 섰고 청중들에게 박수 받는 게 너무 좋았다. 그러면서도 무대 서는 일이 내 적성이라고는 꿈에도 생각 못했다. 또한 당시만 해도 연예계에 진출한다는 것은 그리 바람직하지 않은 분야로 여겨졌다.

1980년대까지만 해도 노래나 연극을 하는 사람을 '딴따라'라고 했으며, 학교 운동부에 들겠다고 하면 열에 아홉은 부모님에게 흠씬 매타작을 당하던 시절이었다. 후에 내가 연극배우, 가수 쪽에 소질이 있다는 것을 발견하곤 너무 억울했다. '아! 그때 그쪽으로 진출했다면 나도 분명 스타가 될 수 있었을 텐데……' 하는 생각을 하곤 혼자 웃는다.

유명세 날리는 스타, 소위 뜬 친구들은 소수다. 연예계에 발을 들여놓은 사람 중 알려진 사람은 불과 3~4퍼센트라는 말이 나올 정도다. 드라마에는 주연보다 조연이 더 많고, 조연보다 단역이나 엑스트라가 훨씬 많은 것만 봐도 알 수 있다. 베리 본즈가 메이저리그에서 이름을 날릴 때 수많은 미래의 본즈가 오늘도 마이너리그에서 방망이를 휘두른다. 확실히 뜨는 건 좋지만 꿈을 이루기 위해 피나는 연습의 과정이 필요하다는 사실을 간과해서는 안 된다. 자기 적성에 맞는 일, 신나고 재미있는 분야라 생각한다면 그때부터 파고들어야 한다. 열심히 정도가 아니라 미친 듯이 밤을 새고 밥을 걸러 가면서라도 연습하는 자세가 필요하다. 홈런왕 이승엽 선수도 달만 뜨면 옥상으로 올라가 배트를 휘두른 연습광이다.

　뜨는 건 좋은 일이다. 돈 생기지, 유명해지지, 팬 생기지. 그러나 거저 되는 일이란 하나도 없다. 눈부신 스타의 이면에는 어두운 고통의 시절이 숨어 있는 것이다. 엘비스도 뜨기 전에는 트럭 기사로 대륙을 횡단하는 고단함을 겪었으며, 오프라 윈프리도 젊어서는 남자에게 버림받고 세상에 버림받은 비참한 인생이었다.

　내 인생도 마찬가지였다.

　"김 기사, 출발해! 어서~"

　"잠깐만요."

　"뭐가 잠깐이야, 시간 없어 죽겠구먼. 이 자식 동작 봐라."

"아, 잠깐만 기다리세요!"

"이게 어디서, 너 일 그만둬. 내일부터 오지 마."

젊은 시절 운전기사 할 때였다. 당시 나는 콘택트렌즈를 꼈었는데 주인을 기다리며 차 안에서 잠깐 잠이 들었다. 갑자기 주인이 차에 타자 벌떡 일어났는데 도저히 눈을 뜰 수가 없었다. 각막 부분이 건조해진 것이다. 이럴 땐 얼른 눈에 식염수를 한두 방울 넣어줘야 한다. 그런데 주인이 그 시간조차 안 주는 것이다. 세상 인심 참 사납다는 걸 느꼈다. 이 사건 이후로는 절대 렌즈를 끼지 않았다. 잠자다가 깨어 정신도 못 차리고 출발해야 하는 이런 비인간적인 생활이 너무 싫었다. 그래도 할 수 없었다.

다음날부터 나는 부자가 되기로 결심했다.

스타가 되리라 결심했다.

'나도 부자가 되리라.'

'나도 스타가 되리라.'

그리고 내가 부자가 되지 못하는 이유가 무엇이었는지 정리해 보기로 했다.

1. 부모가 가난하다.

2. 나의 비전이 약했다.

3. 부자가 될 수 있다는 희망도 없이 살아왔다.

216

4. 나의 소질이 무엇인지 찾지 못했다.

5. 노력도 없이 시간만 흘려보내는 인생이었다.

1번을 빼놓고는 모두 당장 내가 바꿀 수 있는 일이었다. 노트를 꺼내 우선 나의 희망을 적었다. 부자가 되자, 유명해지자, 아무개 대학 졸업장 얻자, 예쁜 여자 친구도 얻고 멋진 집에서 살자. 아싸! 신바람이 났다.

다음에는 희망을 이루기 위해 내가 할 일은 무엇인가 적었다. 엔지니어? 아니야, 그러기엔 너무 덤벙대고 너무 산만하다. 요리사? 아니지, 라면 끓는 시간도 제대로 못 맞추잖아. 축산업자? 아니야, 너무 몽상적이라 차분함이 부족해. 주인 잘못 만나 소, 돼지가 고생할 거야. 그럼…… 유머, 그렇다! 고등학교 갓 졸업한 그때 그 시절, 대학 1학년 때 나는 수천 명 앞에 섰고 그들을 신나게 웃겼었지.

그 후 내 머릿속은 오직 유머, 이 한 단어로 꽉 찼다. 유머 강사가 되기 위해 화술 강사, 성공학 강사, 레크리에이션 강사, 부흥사 등 숱한 강사들을 만나러 다녔고, 유머 작가가 되기 위해 수많은 수필가, 소설가, 시인들을 직접 혹은 책으로 만났다. 아침부터 밤까지 책을 놓지 않았고 책상머리에서도, 걸어갈 때도 유머만을 생각했다. 드디어 유머 강사가 되고, 이제 오랜 세월이 흘러 원하는 것도 대부분 얻었다.

당신이 뜨고 싶은 사람이라면, 이름을 날리고 싶은 사람이라면 우선 자신의 타고난 소질이 무엇인지, 제일 자신 있는 게 무엇인지 찾아야 한다. 그러고는 온 마음과 정성을 그 하나에 집중해 보라. 10년 안에 당신은 성공한 사람이 되어 있을 것이다.

소질 발견과 집중! 이것이 성공의 조건이다.

외쳐라! 아침마다, 떠오르는 태양을 보며, 가슴을 쫘악 펴고 "하하하, 나는 뜰 거야!" 하고 외쳐라.

당신의 가치를 믿어라

당신만이 느끼고 있지 못할 뿐 당신은 매우 특별한 사람입
니다.

　　　　　　　　　　　　　　　　　　　　　　　-데스몬드 투투

세 명의 가톨릭 여신도가 커피를 마시고 있었다.

첫 번째 여신도가 이렇게 말했다.

"내 아들은 신부랍니다. 그 아이가 방으로 들어오면 사람들이 다
들 '신부님' 하고 부른다오."

그러자 두 번째 여신도가 자랑스럽게 말했다.

"우리 아들은 추기경이랍니다. 아들이 오면 사람들이 다들 '추
기경 님' 이라고 하지요."

마지막으로 세 번째 여성이 말했다.

어머니가 아들에 대해 가지는 자신감이 대단하다. 그러나 우리 대다수는 스스로에 대해 자신감이 없다.

"당신은 자신이 자랑스럽습니까?"라고 질문하면 과연 몇 명이나 "예!"라고 답할 것인가?

현대인들의 문제는 정신적으로 너무 위축되어 있다는 거다. 무엇 때문일까? 후회, 열등감, 피해의식……. 왜 이런 부정적 기운을 떨쳐버리지 못하는 것일까?

자, 일단 가슴을 좀 펴보자. 그리고 차근차근 생각해 보자. 당신을 주눅들게 만드는 원인이 뭔가? 뭐가 문제인가? 일단 자신이 선택하지 않은 일은 자신의 책임이 아니다. 성별, 인종, 외모, 국가, 부모 등은 당신이 원한 게 아니다. 의도적이 아니라 결과적으로, 자연의 선택에 의해 우연히 결정되었을 뿐. 그러므로 열등감을 가진다거나 콤플렉스를 느낄 필요가 전혀 없다.

"맞아요, 저도 제가 얼굴이 좀 검다는 것에 대해선 열등감이 없어요. 내 책임이 아니니까요. 그런데 저 자신이 정말 미운 게 있어요. 학교 다닐 때 공부 참 안 했거든요. 선생님한테 맞아가면서도 땡땡이나 치고 엄마 아빠 고생해서 등록금 마련해주신 돈 빼돌려

놀러만 다녔지요. 공부 열심히 한 친구들은 공무원도 되고 좋은 회사에 취업해서 지금은 간부도 되고 재산도 마련했는데 저만 포장마차를 하고 있으니……."

얼굴이 선천적으로 까만 것은 당신의 선택이 아니므로 열등감을 느끼지 않겠다는 말은 옳다. 이해력이 빠른 것 같아 칭찬을 해주겠다. 다음, 당신이 젊어서 공부 안 하고 빈둥거린 건 당신 책임이란 말도 맞다. 그래서 지금 친구들보다 못 사는 것이라고 추론하는 것도 논리적으로 타당하다. 그러니 이런 말을 당신에게 해줄 수도 있을 것이다.

"당신이 어릴 때 열심히 공부 안 하고 한눈 팔아서 지금 못 살고 있는 거거든요. 왜 그랬어요? 할 수 없죠 뭐, 이제 와서 어쩌겠어요. 청춘을 돌려달라고 할 수도 없고 다 자신의 책임인걸. 평생 자신을 자학하며 사세요. 그럼 안녕히……."

이런 평가를 받아들일 것인가? 그래서 평생 자신을 자학하며 열등감 속에서 친구들 부러워하며 한숨만 쉴 것인가? 비록 공부 안 하고 허송세월한 것은 당신의 책임이지만 '지금의 당신' 책임은 아니다. 십대 시절의 당신과 지금의 당신은 다른 사람이다. 물론 주민등록번호나 이름은 같을 것이다. 그러나 거울을 봐라. 더 성숙해지고 더 겸손해졌다. 세상의 돌아가는 이치도 더 잘 알게 되었고 당시 부모님의 마음도 이해할 수 있게 되었다. 수십 년이 흘러도 어린 시절의 실수를 평생 가슴에 짊어지고 사는 사람들이 있다. 실수와 과오를 저질렀어도, 잘못된 선택을 했더라도 3년이 경과했다면 이제 과거의 짐에서 벗어나도록 하자. 3년이면 서당집 개가 풍월을 읊고 분식집 개가 라면을 끓일 만한 긴 세월이 아니던가.

과거는 과거, 현재는 현재다. 늦었다고 생각하는 시기가 가장 빠른 시기란 말은 이럴 때 쓰는 말이다. 지금 당신이 포장마차를 멋지게 경영해 수년 후 큰 부자가 되었다고 상상해 보라. 아마 누군가가 그런 당신의 모습을 보며 탄식할지도 모른다.

"저 사람 나보다 더 가난한 장사꾼이었지. 자신감을 잃고 매일같이 젊은 시절의 자신을 탓하며 술 담배로 찌든 생활을 했었어. 그런데 어느 날인가 김 아무개 유머 강사의 책 한 권을 읽는 것 같더니 사람이 바로 바뀌더라구. 담배도 끊고 술도 절제하고 웃음이 넘치지 뭐야. 상냥하고 친절하게 손님을 맞더라구. 흥, 장사꾼 주제에 무슨 책이람. 주위에서 비아냥거렸지. 그런데 그 가게에 슬슬 손님이 많아진다고 소문나더니 얼마 후 제법 큰 식당을 인수하더라고. 그러고는 수년 만에 세 살던 빌딩을 구입했지. 건물주가 된 거야. 모를 일이야, 어떻게 저리 인생이 바뀔 수 있는지. 운도 참 좋은 사람이야."

사실은 운이 좋은 게 아니다. 열등감을 털어버리고 과거의 자신을 용서하는 순간 자신감이 생겼고, 자신감은 웃음을 불렀으며 그 웃음이 복의 원천이었던 것이다. 나를 웃지 못하게 하고 성공하지 못하게 막는 건 상황 탓도 아니고 운 탓도 아니고 부모 탓도 아니었다. 그건 바로 스스로를 용서하지 못한 탓이었다.

남을 사랑하는 사람이 90점 인간이라면 자신도 사랑하는 사람은 100점 인간이다.

스스로를 사랑하라. 마음 속 찌꺼기를 털어내라. 당신의 가치를 믿어라. 스스로 힘을 주면 당신도 지금 있는 자리에서 대단한 사람이 될 수 있다.

야호, 나는 정말 대단해!

원하는 일을 하라

내가 가진 것이 아니라 내 일이 바로 나의 왕국이다.

-토마스 칼라일

회사에서 잘렸어요.

왜 잘렸어요?

지각했거든요.

왜 지각했어요?

어제 술 마시고 늦게 잤어요.

어제 왜 술을 마셨어요?

사장님한테 혼나서요.

사장님한테 왜 혼났나요?

이 사람은 회사는 물론 자신도 망치고 있다.

도토리란 놈은 추석 즈음해서 삼천리 방방곡곡 열매가 익는데 다람쥐나 청설모가 먹을 뿐 아니라 우리 국민들도 엄청 좋아한다. 도토리 묵은 중금속 제거와 무병장수에 효과가 있는 대표적인 식품 중 하나다. 그래서 가을이 되면 너도 나도 도토리 여행, 도토리 등산이 유행이다. '도토리 키 재기'란 말에서 느껴지듯 도토리는 크기가 작지만 밤처럼 가시가 있는 것도 아니라 수집하기에 힘들지 않다. 시골에서는 도토리나무, 상수리나무가 집 마당에 있는 경우가 많다. 그런데 이 도토리란 놈이 자유 낙하해 나무 밑에 있는 개 밥그릇에 떨어지면 천덕꾸러기로 바뀐다. 개가 먹을 수도 없는 데다가 조그마해서 잘 꺼낼 수도 없다. 사람같이 손이 없는 개 입장에서 보면 참 성가신 존재다. 그래서 개밥에 도토리다.

왕따를 당하거나 조직에 어울리지 못하는 사람을 '개밥의 도토리'로 평한다. 문제는 샐러리맨 중에 이런 개밥에 도토리 신세인 사람이 너무 많다는 것이다. 이런 사람은 별 능력이 없다고 평가를 받아도, 뒤에서 수근수근 손가락질을 당해도 성실하게 출근한다. 하지만 일하는 게 재미도 없고 보람도 없다. 칭찬도 못 받고 매일 핀잔만 받는다. 목구멍이 포도청이니 시계추처럼 관성적으로 움직

226

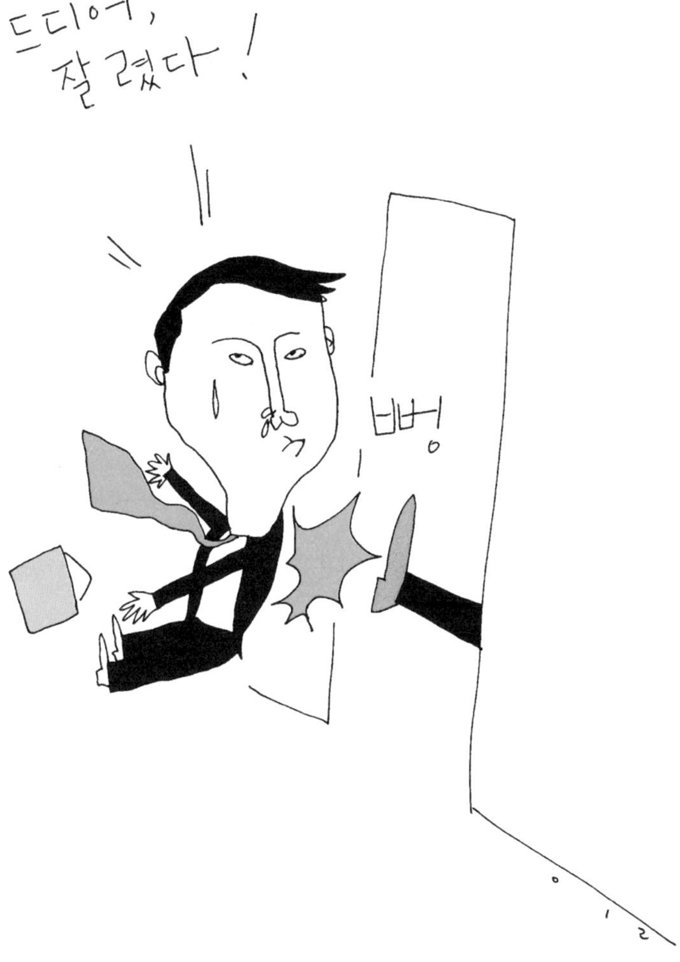
드디어,
잘렸다!
뻥
012

일 뿐이다. 사실 이 정도면 신성한 직업은커녕 올바른 직장생활 하고는 거리가 멀다.

도토리가 왜 개밥에 들어가 있는가? 당장 나오라. 자신을 도토리묵처럼 가치 있게 대접해 줄 사람이나 단체, 회사, 혹은 새로운 직장을 찾아야 한다. 죽지 못해 일하는 사람만큼 비참한 사람은 없다. 그런 일일수록 보수도, 보람도 형편없기 마련이다. 그나마 요즘은 연공서열이 사라지고 있기에 무작정 붙어 있기도 더 힘들다. 지금 하고 있는 일이 너무 재미가 없다면 그리고 당신이 아직은 젊다면 혹 자신의 적성에 맞지 않는 일을 하고 있는 건 아닌지 생각해 볼 일이다. 고양이는 쥐를 잡아야 제격이고 원숭이는 나무에 매달려야 제격이듯 사람도 자신에게 맞는 일을 찾아서 해야 능률이 팍팍 오른다.

찾아도 찾아도 몸 담고 보람 있게 매진할 직장이 없다면 자신이 직접 직장을 만들면 될 일이다. 내 경우도 마찬가지였다. 대학에 갓 입학했는데 사회정화 바람이 불면서 갑자기 과외지도에 철퇴가 내려졌다. 실질적인 가장이었던 입장이라 공부에 전념하는 것은 꿈도 꾸지 못하는 신세였다. 낮에는 공부를 해야 하니 주로 밤에 할 수 있는 일을 찾았다. 그러나 야간 업소까지도 돌아다녔지만 나를 채용해 주는 곳이 없었다.

그래서 나에게 맞는 직업을 직접 만들기로 결심했다. 야간운전

대행업이었다. 전문용어로 대리운전이다. 명함을 파서 신촌 일대의 룸살롱, 나이트클럽, 요정 등에 뿌렸다. 신속, 친절, 안전이라 새기고 연락처 등을 적었다. 새벽 한두 시에 연락이 오면 잠을 깨야 하는 힘든 일이었다. 전화를 받고 현장에 도착하는 시간은 5분에서 10분이 걸린다. 그런데 평균적으로 다섯 번 호출에 한 손님은 기다리지 못해 직접 차를 몰고 가버린다. 그런 날은 잠만 설치고 수입도 없어 속상한 마음이 들곤 했다. 그래도 웬만한 샐러리맨 초봉 정도의 수입을 올렸다.

찾으면 분명 길이 있다. 누구나 자신에 맞는 일을, 하고 싶은 일을 해야 한다. 직장 내에서도 자신의 일을 찾아서 하는 사람이 있다. 자신에게 맞는 독특한 일을 상부에 제안해서 성공적으로 일을 하고 있다.

"사장님 전 영업이 적성에 맞거든요, 그쪽으로 인사발령 내주십시오."

"외국 근무를 원합니다. 자신 있어요."

"우리 그룹이 이러저러한 분야로 진출한다면 제가 아이디어를 발휘해서 수익을 창출할 수 있습니다."

당신의 제안이 회사에 이익만 준다면 어느 상사와 오너가 새로운 업무나 직책의 탄생을 반대하겠는가. 개밥에는 뼈다귀들이 있어야지 도토리가 있을 곳이 아니다. 당신은 그저 그렇게 시간을 죽이며 살아가기에는 너무나 소중한 존재다.

요즘 1인 사업가, 재택 근무 사업가들도 이 원리를 이용해서 성공하는 사람들이 많다. 먼저 자신이 제일 잘하는 일, 보람을 느끼는 일이 무엇인지 적어본다.

1. 독서
2. 영어
3. 외화 〈CSI〉 감상

이런 사람이라면 볼 것도 없다. 외국 추리소설 번역이 제격이다.

1. 직장에는 만족하나 수입이 부족하다.
2. 주말에는 시간이 남는다.
3. 수상스키와 스키를 좋아한다.
4. 남 가르치는 걸 좋아한다.

이 사람은 주중에 열심히 회사 다니고 주말에는 스키강사로 활동하면 된다. 하고 싶은 일을 하면 저절로 웃음이 나고 웃음은 복을 부른다. 반면에 하기 싫은 일을 하면 짜증이 저절로 나고 짜증은 곧 화를 부른다. 하고 싶은 일을 하라. 일도, 인생도 성공할 것이다.

경쟁을 즐겨라

앞으로 나아가는 데는 언제나 위험이 따른다. 마치 2루로 도루하면서 한 발을 1루에 둘 수는 없듯이.

-F. B. W.

러시아 우주인과 암스트롱, 부시가 이야기를 나누고 있었다. 러시아 우주인이 말했다.

"우리가 처음으로 우주에 갔지."

암스트롱이 말했다.

"달에는 우리가 처음 갔지."

부시가 말했다.

"내가 처음으로 태양에 갈 거야!"

그러자 러시아 우주인과 암스트롱이 고개를 저으며 말했다.

"바보야, 태양에는 착륙할 수가 없어. 타 죽을 거라고."

그러자 부시가 답했다.

"밤에 가면 되지."

과연 부시다운 대답이다. 지금이야 미국의 압승이지만 한때 미국과 소련 간의 우주 경쟁은 치열했다. 사람 사는 곳에는 늘 경쟁이 있다. 나라와 나라가 경쟁하고 대학과 대학, 기업과 기업 간에도 경쟁은 치열하다. 인생은 경쟁 그 자체인 듯하다.

사람 사는 사회는 언제나 어디서나 경쟁이 있다. 엄마 뱃속에서부터 경쟁은 이미 시작된다. 정자가 자궁 속으로 쏟아져 들어가는 과정은 모세의 출애굽 광경보다, 보스턴 마라톤 스타트 장면보다 훨씬 스펙타클하다. 아마 과학 애니메이션 영화를 만들어도 흥미진진할 것이다. 수억 마리(마리란 단위가 붉는 것으로 봐서 인간도 동물의 일종임에 틀림없다)의 정자 중 오직 하나가 난자에 골인하는 행운을 누린다.

학자마다 정자가 선택되는 원리를 달리 설명한다. 예전에는 1등으로 도착하는 가장 빠르고 성질 급한 정자가 난자에 골인한다고 했는데, 최근 연구에 의하면 빠르고 강한 놈 중에서도 난자 쪽에서 특별 테스트를 거친 후 종합적으로 제일 우수한 놈을 고른다는 학설이 설득력 있게 받아들여진다. 하긴 그럴 것이다. 사원을 뽑을 때

232

도 서류전형, 시험, 면접, 게다가 신원 조회까지 하는 판인데 평생의 반려자를 맞는 일이 어찌 간단하랴?

"귀하께선 사람이 되는 거룩한 일에 몸과 마음을 바치겠습니까?"

"하모예."

"당신이 다른 정자를 제치고 1등으로 도착했는데 앞으로도 인간이 되어 최선을 다하겠습니까?"

"아따, 걱정 마시랑께요."

아마 까다로운 난자 면접관 앞에서 숨 막히고 피 말리는 과정을 거쳐 선택되는 그 행운의 정자는 엄청난 희열과 쾌감을 누릴 것이다. 엔도르핀이 솟고, 무한한 자부심, 해냈다는 뿌듯함으로 어깨를 들썩일지도 모른다. 5억 마리 중 그간 동고동락하며 미운 정 고운 정 다 들었던 4억 9999만 9999마리의 동료가 휴지통이나 시궁창으로 들어가는데 홀로 자궁으로 들어가는 감격이 얼마나 크겠는가. 월드시리즈 마지막 7차전에서 굿바이 만루 홈런 치고 홈플레이트를 밟는 감격보다 더 짜릿할 것이다. 슈퍼볼 마지막 쿼터 승부를 결정짓는 터치다운 주인공 하인스 워드보다 더 감격의 눈물을 흘렸을 것이다. 〈아시안 게임〉 수영 마지막 금메달에 터치하고 기쁨의 웃음을 짓는 박태환의 감격보다 더하면 더하지 못하진 않으리라. 굳이 비교하자면 올림픽 마라톤 경기 42.195km를 달려 스

234

타디움에 들어선 후 기립박수로 환호하는 청중들에게 손을 흔들며 승리의 쾌감을 만끽하는 선두주자의 심정과 비슷하지 않을까?

"아, 1등이다! 드디어 나도 사람이 된다. 꿈은 이루어진다!"

이미 뱃속에서부터 치열한 경쟁을 한 터라 태어나서도 특유의 응석을 통해 형제들과 경쟁한다. 학교에서는 공부로 경쟁을 한다. 시험 성적표를 받는 순간 우수한 성적을 받은 학생은 기쁨을 느끼며, 시원찮은 성적을 받은 학생은 좌절감과 절망을 느낀다. 고3 시절에는 극도의 경쟁으로 인한 스트레스를 받다가 대학에 합격하면 한동안 해방된 듯하지만 또다시 학점 경쟁을 시작해야 한다. 졸업 후에는 다시 치열하게 입사 시험을 본다. 면접, 필기시험, 토론 등 고비고비를 넘어 수십 대 일의 경쟁을 뚫고 들어간다.

결혼도 경쟁이다. 괜찮은 짝을 구하기 위해 친구를 배신하는 경우도 있고, 돈을 모아 얼굴에 변신의 칼을 대는 경우도 있다. 결혼 후에는 자식을 경쟁시킨다. 모유냐 분유냐, 국내 학교냐 외국 유학이냐, 자식의 성공이 곧 나의 성공으로 삼는다. 경쟁은 대를 이어 계속된다.

동물도 마찬가지다. 어미 새가 곤충을 물고 오면 어린 새들은 저마다 입이 찢어져라 벌리며 최대한 큰소리를 내어 입에 넣어달라고 경쟁을 한다. 그 중 가장 큰소리와 큰 입을 가진 새가 먹이를 얻는다. 식물도 경쟁이다. 저마다 곤충을 유혹하기 위해 형형색색,

기기묘묘한 색깔과 향기로 경쟁에 나선다. 그 경쟁을 통해 선택받은 식물이 열매를 맺는다.

자본주의는 인간의 경쟁심을 이용한 체제라 볼 수 있다. 더 잘살기 위해서는 상대보다 더욱 노력을 하거나 연구를 해야 한다. 더 좋은 제품과 더 좋은 서비스를 제공하는 자들만 살아남는다. 우리는 어차피 경쟁하며 살게 되어 있다. 경쟁에서 이기는 방법은 이미 본능적으로 알고 있다. 태아가 엄마의 모성애를 분석했듯이 우리도 우리 주위의 고객, 단골, 손님, 경쟁자들을 분석해야 한다. 어린 새가 눈도 뜨지 못한 채 소리를 질러대듯 우리도 우리 자신을 PR해야 한다. 경쟁에서 지는 가장 큰 이유는 경쟁 자체를 두려워하기 때문이다. 이 세상에 태어난 이상 경쟁은 당연한 것이다. 차라리 경쟁을 즐기자. 이기기 위한 노력도 재미있다. 경쟁은 결코 두려운 것이 아니다. 지극히 자연스러운 것이다.

100여 년 전 외국의 신문물이 들어올 때 일반 백성들은 물론 대부분의 고위 위정자들도 겁을 냈다. 쇄국정책을 폈다. 국운이 기울었다. 못난 선택의 결과, 고통스런 식민지 시절과 전쟁의 시기를 겪어야만 했다. 그후 수십 년 만에 드디어 세계무대에 머리를 들이댄 코리아, 이념과 전쟁이 할퀴고 간 가난한 남녘땅에 산업사회 경쟁이 붙자 우리는 거의 모든 부분에서 두각을 나타냈다. 철강, 조선, 자동차, 반도체, 화학, 섬유, 영화, 예술, 종교, 스포츠 등 인간이 경쟁하는 모든 분야에서 세계 최고의 경쟁력을 보유한 것이다. 우리는 한 마디로 경쟁력이 있는 민족이다. 그런데도 많은 사람들이 경쟁을 두려워한다. 두려워한다고 피할 수 있는 것도 아니면서 말이다.

그러나 성공하는 사람은 여유 있게 외친다. '올 테면 와보라구!'

경쟁에 놓여 있다는 실존적 상황을 웃으며 여유 있게 받아들이는 사람들은 대개 성공한다. 이런 사람들은 만에 하나 경쟁에서 탈락하더라도 다시 재기할 수 있는 능력을 갖게 된다.

입시 경쟁, 취업 경쟁, 별 것 아니다.

그렇다, 경쟁을 즐겨라. 우리는 5억 대 1의 경쟁에서 살아 남은 최우수 울트라캡숑짱 명품임을 기억하라.

앞서가는 사람들로부터 배워라

아이와 천재에게는 중요한 공통점이 있으니 탐구심이 바로
그것이다.

                                                    -E. G. B.

어느 중학생이 방학을 맞아 어학연수를 가던 길에 생긴 일이다.
미국행 비행기가 이륙한 지 4시간이 지났을 때 갑자기 친구가 목
이 마르다며 승무원 누나에게 손짓을 했다. 친구는 미국인 스튜어
디스가 다가오자 당황한 나머지 영어 단어가 떠오르지 않았다.

'딸기 주스가 뭐였지…… 딸기가 영어로…….'

이렇게 중얼대다가 그때 갑자기 눈에 띄는 게 있었다.

승무원 누나 가슴에 달린 브로치가 딸기 모양이 아닌가. 친구는 승
무원 누나의 가슴을 가리키고 컵으로 물 마시는 시늉을 하며 "플리

즈!”라고 말했다. 승무원 누나는 잘 알겠다는 듯 웃더니 잠시 후 돌아왔다. 그녀가 가지고 온 것은 ‘딸기 주스’가 아니라 ‘우유’였다.

어느 날 정부 고위 인사들이 물놀이를 갔는데 배가 전복되었다. 기자들이 이 소식을 듣고 병원으로 몰려왔다. 얼마 후 의사가 밖으로 나왔다.

기자들이 물었다.

“의사 양반! 대통령은 구할 수 있습니까?”

의사는 어두운 얼굴로 고개를 가로저었다.

“대통령은 가망이 없습니다.”

기자들이 또 물었다.

“국무총리는 어떻습니까?”

“역시 가망이 없습니다.”

“아니, 그럼 누가 살았습니까?”

그러자 의사는 의기양양한 목소리로 외쳤다.

“우리 경제가 살아났지요!”

영어 못하는 학생과 경제 못하는 정치인은 요즘 매스컴과 인터넷에 가장 많이 등장하는 이슈다. 학생이든 정치인이든 자영업자든 공부해야 한다. 공부하라고? 이 나이에? 내가? 무엇을? 어떻게?

방법을 알아보자.

감나무 밑에서 감 떨어지기를 기다리는 사람은 어찌 보면 인내심이 많은 사람처럼 보이기도 하지만 사실은 매우 비효율적인 사람이다. 감을 먹는 방법에는 여러 가지가 있을 것이다. 위의 방법은 입에 정확히 떨어진다는 보장도 없을 뿐만 아니라 너무 시간 낭비적인 행동이다. 만약 맛없는 감이나 썩은 감이 떨어진다면, 혹 한밤중에 떨어진다면, 떨어져도 입이 아니라 눈에 떨어진다면 어찌겠는가? 감을 먹고 싶다면 긴 장대 끝에 바구니를 달고 가지를 비틀어 따먹을 일이다. 약간의 수고를 감내하면 맛있는 감을 먹을 수 있고, 먹고 싶을 때 먹을 수도 있다.

누구나 인생에서 성공할 수 있다. 그런데 과연 성공하는 방법을 사용하고 있느냐가 문제다.

어떤 사람은 조그만 치킨 가게를 내도 동네방네 소문을 다 내면서 홍보하고 시장 조사하고 모니터링하고 아늑한 인테리어에 손님의 귀를 마비시키는 달콤한 음악을 흘려보내며, 고객에게 전화하고 적극적으로 영업하는 사람이 있다. 이런 사람은 부자가 될 수 있다.

반면 어떤 사람은 가게 안에 틀어박혀 안 오는 손님 탓만 하는 사람도 있다. 감나무 밑에 누워 감 떨어지기만 기다리는 사람과 하등 다를 바가 없다. 이런 사람은 어쩌다 온 손님에게 '사려면 사고, 말려면 말고' 하는 표정으로 거칠게 물건을 내주기 일쑤다. 장사를 잘하고 싶다면 잘하는 집에 돌아다니면서 배워야 한다. 이걸 영어로는 벤치마킹, 한자어로는 타산지석他山之石이라 한다. 공자도 일찍이 3인이 동행하면 그 가운데 스승이 있다 하였거늘.

자신과 동일 업종 사람들은 어떤 식으로 사업을(가게들, 슈퍼마켓을, 노래방을, 세차장을, 호프집을, 택시 회사들, 네트워크 마케팅을) 운영하는가를 보고, 배우고, 연구하고, 자신에 맞게 접목하는 것을 벤치마킹이라 한다. 부모들은 자식 잘되라고 과외만 시키는데, 그러기 이전에 공부 잘하는 애들을 벤치마킹해야 한다. 우등생들은 독서실이나 과외시간 시간만 죽이지 않는다. 정신을 집중하고 공부를 왜하는지에 대한 목적이 있고 비전이 있다. 무작정 학원이나 독서실에 잡아넣는다고 될 일이 아니다. 목 좋은 곳에 권리금 많이 주고 가게 얻었는데 왜 안 되지? 괜히 멀리 있는 정치인만 탓하는 사람들이 우리 주위에는 너무 많이 있다. 그 시간에 잘되는 집은 어찌 잘되는지 돌아보고 연구할 일이다.

무슨 사업을 하든지(공부, 운동, 연예활동도 마찬가지다) 서울, 부산, 대구, 명동, 압구정동, 신촌 등등 100군데만 둘러볼 일이다. 노트 하나 볼펜 하나 가지고 각 업소의 장점과 단점을 손님 입장에서 고객의 시선으로 적어보라. 당신은 십중팔구 부자가 되어 있을 것이다. 비록 남을 모방한 것 같지만 사실 당신은 100가지 장점을 가지고 100가지 단점을 해결하여 이 업계 최고의 수준에 이를 것이기에 성공은 시간문제다. 국내를 철저히 조사했으면 외국 여행도 하면서 100군데 시장 조사를 더 해보자.

"이번에는 누가 1등 먹을까?"

"최 과장 아니면 박 과장이지 뭐."

"맞아. 둘이 번갈아가면서 1등을 차지하니까."

"나는 언제 1등 해서 금반지 타려나."

"야, 열 받는데 소주나 한잔 하러 가자."

총각 시절 영어 테이프 세일즈를 할 때다. 죽어라 일을 해도 상한 번 타지 못하던 나는 비슷한 실적을 내며 도토리 키 재기 하던 동료들과 하소연을 나누곤 했다. 속상해서 술도 마시고 푸념도 해봤지만 진정한 위로는 되지 않았다.

이때 번개같이 스친 생각.

'그렇다! 백 번 부러워하는 것보다 내가 1등을 하면 될 것 아닌가? 나도 과장 되고 나도 금반지 타면 될 것 아닌가?'

그 해답을 바둑책에서 얻을 수 있었다.

옛날 일본의 바둑기사 한 사람이 꾀를 냈다. 매일 겨루기에서 지기만 하니 방법이 없을까 궁리하다가 상대와 똑같이 두기로 했다. 고수가 화점에 두면 자신도 맞은편 화점에 두고, 상대가 2선에 두면 자신도 맞은편 2선에 두고. 전문용어로 말하자면 착수 시 상대의 수를 통째로 '완전복제'한 것인데, 이렇게 하다가 마침내 고수의 배울점을 이해하게 되었다는 것이다.

이 방법을 세일즈에 응용해 보기로 했다.

먼저 최 과장의 수를 배우기로 했다.

"최 선배님, 식사 안 하셨죠? 제가 사드릴게요."

"아니, 김진배 씨가 밥을 다 산다고? 웬일이야?"

그날 이후 최 선배의 모든 것을 관찰하고 학습하기 시작했다.

- 옷 : 항상 깔끔하고 깨끗하다. 마치 검문소 헌병의 복장처럼 주름 하나 없다.
- 표정 : 미남도 아니고 좋은 인상도 아니지만 살인미소로 단점을 커버했다.
- 프레젠테이션 : 제일 중요한 점이 이것이다. 우리들 대부분의 파일북은 꼬질꼬질 비닐에 때가 꼈고 내용물도 단조로웠다. 반면 최 선배의 파일북은 비닐에서 반짝반짝 윤이 났다. 그 안에 있는 내용물도 항상 새 것으로 채웠다. 우리들은 상품 설명서만 보여준 반면 최 선배는 고객에게 가지각색 신문 스크랩도 보여주었다.

'이제는 글로벌 시대(OO일보)'

'영어가 곧 재산(○○신문)'

　확실히 그는 프로였고 나는 아마추어였다. 그는 일류 비즈니스맨 다웠고 나는 3류 장사꾼다웠다. 표정, 의상, 정보 제공, 동기 부여 등에서 훨씬 앞서갔으니 나 같은 사람은 처질 수밖에 없었다.

　최 과장의 장점을 어느 정도 배운 후 박 과장을 관찰하기로 했다. 최 과장이 체계적이라면 박 과장은 힘이 넘쳤다. 둘 다 고수이지만 색깔이 달랐다. 최 과장이 지장智將이라면 박 과장은 용장勇將이었다. 고객을 압도하는 파워, 노련한 언변. 박 과장은 신문 대신 계약 카드를 고객에게 보여주었다. 고객이 유학을 준비하고 있다고 하면 유학 준비 중이라고 쓰인 고객카드를 보여준다. 바이어를 만나려고 한다면 그에 알맞는 카드를 보여준다.

　"이분도 똑같은 경우라예. 내년에 미국 대학원에……."

　"이 사장님도 이걸로 공부해가 마 바이어를 콱 녹였다캅디다."

　구수한 사투리에 땀을 흘리며 박력 있고 친밀감 있게 설명하는 그에게 사람들은 이내 설득되고 웬만하면 구입이 이루어지는 것이다.

　두 사람을 관찰한 결과 나의 세일즈에 변화가 왔다. 하하, 이게 문제였군. 고객이 호감을 보이는 몇 장의 설명서 외에 필요 없는 건 다 빼버렸다. 대신 신문 스크랩을 준비했다. 중요한 구절에는 빨간 펜으로 밑줄도 치고 형광펜으로 포인트도 살렸다. 거기에다 박 선배의 장점, 즉 설득용 고객 카드를 준비했다. 논리적인 머리형 고객을 만났을 때는 최 선배식 프레젠테이션을 활용했고, 감성적인 가슴형 고객을 상대할 때는 박 선배식 프레젠테이션을 번갈아 사용했다. 그렇게 수개월이 흐르자 최 선배의 방법도 박 선배의 방법도 아닌 김진배식 프레젠테이션이 되었다. 프레젠테이션이 되자 실적도 오르고 1년 후, 어느덧 선배들과 어깨를 나란히 선두 그룹에 속하게 되었다.

유머를 연구할 때도 마찬가지였다. 어, 저 강사가 이렇게 말하니까 사람들이 웃네. 나도 해볼까. 오호라! 개그맨이 이런 동작을 취하니까 재미있군. 그럼 나도 해보자구.

모방은 제2의 창조란 말이 있다. 성공하기 위해서는 우선 앞서가는 사람들로부터 배우는 자세가 필요하다.

유머형 인간은 자신을 믿고 세상을 믿는 사람이다. 노력하고 공부하면 나아질 것을 믿는 사람이다. 반면 낙담형 인간은 시작하기도 전에 겁을 먹고 현재에 매몰되는 사람이다. 유머형 인간이 성공할 수밖에 없는 이유다.

자신의 선택에 책임을 져라

낙관론자와 비관론자는 모두 사회에 기여한다. 낙관론자는 비행기를 만들고 비관론자는 낙하산을 만들어내니까. – G. S.

결혼과 주식의 공통점

1. 희망찬 기대를 가지고 시작한다.

2. 해도 후회하고 안 해도 후회한다.

3. 그 결과를 누구도 예측할 수 없다.

4. 술자리에 가장 많이 등장하는 화젯거리다.

5. 겉모습으로 항상 사람을 속게 한다.

6. 결혼은 우량아를, 주식은 우량주를 원한다.

7. 큰 이익을 얻었으면 10개월간 쳐다보지 않는다.

8. '증자'를 한다.

9. 종목을 고르고 나면 그때부터 단점이 보이기 시작한다.

10. 자기는 이미 하고서 남에게는 절대로 하지 말라고 한다.

결혼이든 주식 투자든 자신의 선택에 대해서는 자신이 책임을 져야 한다.

"자, 골라, 골라~" 남대문 시장 옷장수가 옷을 진열한 진열대 위에 올라가 침을 튀기며 손님들을 부르고 있다. 손님들은 이것저것 마음에 맞는 것이 어디 있을까 한참 뒤적이다가 그 중 하나를 고른다. 31가지나 되는 베스킨라빈스 아이스크림 중 하나를 고른다. 골라 먹는 재미가 있는 상품이다.

우리는 살면서 계속 무엇인가를 고르고 선택해야만 한다. 배우자를 선택하고, 냉장고를 선택하고, 승용차를 선택한다. 편리한 아파트를 선택했다면 텃밭이 정겨운 단독주택은 포기해야 한다. 이민을 선택하면 향수병은 각오해야 한다. 이혼의 자유를 누리려면 싱글의 고독은 감수해야 한다.

자, 그런데 그 선택이 항상 옳으냐? 천만에, 잘못 선택할 확률이 훨씬 높으니 문제다. 순간의 선택이 평생을 좌우한다. 여고 다닐 때 공부도 못하고 인물도 부족한 친구가 남자 하나 잘 골라서 벤츠 몰고 다니는 걸 보면 괜시리 부아가 난다. 우연히 복권을 선택했는데

248

1등에 당첨되면 너무 좋아 날아갈 것 같다.

성공과 실패를 결정짓는 선택을 잘 하기 위해서는 몇 가지 신중하게 준비할 일이 있다. 우선 사고력이 있어야 한다. 한마디로 똑똑한 사람이 선택을 잘한다는 말이다. 옷을 하나 고르더라도, 이것저것 따져보고, 만져보고, 흔들어보고, 하자가 없는지, 브랜드는 무엇인지, 제대로 분석·판별·조사한 후 고르는 것이 중요하다.

다음으로는 많은 경험이 중요하다.

'한 번 속지 두 번 속냐'란 말이 있다. 잘못 선택해 피해를 본 사람이라면 똑같은 실수를 두 번 안 한다. 경험이 최고의 스승이다. 아직 젊은 사람임에도 선택하는 것마다 똑 소리 나는 사람이 있는데 비록 직접 경험은 없지만 풍부한 독서량으로 간접 경험을 했거나, 경험이 풍부한 원로들로부터 선택의 지혜를 얻는 사람임에 틀림없다.

하나 더 쓸 만한 방법을 추가하자면 묵상법이다. 당신이 선택해야 하는 직장, 사람, 상품, 대학, 전공, 사업에 대해 충분한 시간을 갖고 조용한 곳을 찾아 눈을 감고 내면의 소리에 귀를 기울여 보라. 아마 괜찮은 선택이 떠오를 것이니.

가장 효과가 큰 방법이 하나 더 있다. 어떤 선택을 한 후에는 최고의 선택을 했다고 믿는 것이다. 어렸을 때는 내가 무대에 서서 사람들을 웃기리라곤 생각도 못했다. 그때 바람대로 의사가 되었다면, 혹은 사장님이 되었다면, 육사를 나와 대장이 되었다면 나름 보람도 있었겠지만 그래도 난 유머 강사인 게 제일 좋다. 의사와 비교해 보자.

유머 강사의 경우

1. 첫 대면에서 사람들은 반가워 하며 박수를 친다.
2. 내 입에서 나오는 말은 대부분 그들을 즐겁게 한다.
3. 사람들은 강의가 끝나는 걸 아쉬워한다.
4. 헤어질 때는 힘이 넘쳐서 더 큰 박수를 쳐준다.
5. 저녁이 되면 하루 종일 청중의 웃음 기운을 받은 덕에 어깨가 가뿐하다.

의사의 경우

1. 첫 대면에서 환자들은 대부분 의사에게 두려움을 느낀다.
2. 의사 입에서 나오는 말들 중 상당수가 그들을 공포에 떨게 한다(어허, 몹쓸 병이 들었군요, 몸이 완전히 망가졌어요).
3. 환자들은 한시라도 빨리 집에 가길 학수고대한다.
4. 환자들이 퇴원할 때쯤이면 힘이 하나도 없다.
5. 저녁이 되면 하루 종일 병마와 싸우고 환자들에게 기운을 뺏겨 어깨가 천근만근, 합이 만천 근이다.

의사가 얼마나 부와 명예가 있는 직업인지는 나도 잘 안다. 의사 선생님들 항상 감사하며 더욱 행복하시길. 중요한 건 당신이 의사나 유명인이 아니라고 해서 열등감을 느끼거나 속상해하지는 말라는 것이다.

유머 강사뿐 아니라 어떤 직업도 의사와 비교해 하나하나 따지면 더 좋은 점이 열 가지는 나온다. 당신이 선택한 학교, 애인, 직장, 배우자, 가구, 아파트…….

자, 좋다. 잊지 마라. 당신이 잘 선택했다고 믿는 순간, 그 모두는 보물이 된다.

하하, 이 보물들 좀 봐, 내가 선택 하난 끝내주게 한다니까!

사명감으로 뛰어라

꿈을 단단히 붙들어라. 꿈을 놓치면 인생은 날개가 부러져 날지 못하는 새와 같다.

-랭스턴 휴스

학과별 학생들의 비애

- 사회학과 : 결혼식이나 행사만 있으면 사회 보라고 한다.

- 시각디자인과 : 군대에 갔더니 연병장에 줄긋는 것은 다 나한테 시키더라.

- 유전공학 : 간혹 뭐 하는 학과냐고 묻는 사람이 있다. 그냥 땅파서 석유 끌어오는 거라고 농담 삼아 말한다.

- 체육학과 : 제발 스포츠마사지 좀 해달라고 그러지 마세요. 힘들어요.

- 심리학과 : 미팅 나가면 상대방들 항상 긴장한다. 집에 수정 구슬 있느냐고 물어본 사람도 있고 최면술 할 줄 아느냐고 물어본 사람도 있다.
- 지리학과 : 어딜 가든 모든 길을 알고 있어야 한다. 모른다고 하면 "지리학과가 길도 몰라?"라는 핀잔만 듣는다.

어느 학과를 다니든 어떤 직장을 다니든 누구나 후회와 번민은 있다. 왜 남들이 알아주질 않지? 과연 내가 제대로 선택한 것인가? 이 일로 먹고살 수 있을까? 대부분의 사람들이 이런 생각을 하며 긴장 속에 조직에 적응한다. 그러다 2, 3년 지나면 요령도 생기고, 그런대로 자리도 잡으며 때론 매너리즘에 빠지기도 하며 살아간다. 평생 별 의미 없이 직장생활을 한다.

그러나 성공하는 소수는 다르다. 자신의 전공, 자신의 직업에서 사명감을 찾아낸다. 성공 에너지의 근원인 단어 바로, 사명감!

예전에 내 마음 속 목소리가 나에게 말했다.

'유머를 통한 웃음, 긍정적 사고가 너를 또 모든 사람을 살리는 길이다. 간절히 바라는 모든 것은 모두 이루어진다. 부자가 되길 원하면 부자가 되고, 건강해지길 원하면 건강하게 되고, 행복을 원하면 행복을 얻을 수 있다. 운명에 얽매이지 말게 하라. 세상에는 이 운명이란 놈을 한 손에 제압하는 천적이 있으니 바로 유머와 웃음

254

과 긍정적인 사고다. 단순한 그 원리를 계속 외쳐라. 가난과 병과 불행과 권태를 벗어나게 도우라.'

성당 공사장 현장에서 기자가 인부 둘에게 물었다.

"당신은 무얼 하고 있습니까?"

그러자 한 노동자는 피곤에 지친 모습으로 투덜거렸다.

"지겨워 죽겠어. 일당을 벌려고 억지로 하는 거란 말이야."

그러나 다른 노동자는 싱글벙글 웃으며 대답했다.

"내가 만든 성당에서 사람들이 행복해 하는 모습을 상상하니 너무 행복하네요."

난 외아들로 자라서인지 이기적인 면이 강하다. 남들에게 제대로 된 도움 한 번 주지 못했다. 생각해 보면 남을 도울 수 있다는 것이 얼마나 영광인가. 이제 내가 하는 일은 호구지책이 아니고 나의 사명이다. 잊어버릴 만하면 사명을 일깨워주는 신에게 감사한다.

당신 삶에서 사명을 찾아보라. 사명감을 느껴보라. 국가대표 축구선수라면 국가에 대한 사명감으로 뛰어보라. 무역회사 영업사원이라면 대한민국 경제 발전에 앞장선다는 사명감으로 뛰어보라. 내면에 무궁무진한 에너지가 생길 것이다.

독서에 투자하라

독서처럼 값싸게 주어지는 영속적인 쾌락은 없다. -몽테뉴

성공하는 사람들의 7가지 습관(스티븐 코비)

1. 주도적이 되라.

2. 목표를 확립하고 행동하라.

3. 소중한 것부터 먼저 하라.

4. 상호이익을 추구하라.

5. 경청한 다음에 이해시켜라.

6. 시너지를 활용하라.

7. 심신을 단련하라.

성공하는 도둑들의 7가지 습관

1. 주도적이 되라 : 주 도둑놈이 되라.

2. 목표를 확립하고 행동하라 : 부잣집을 목표로 정하고 그 집 담을 몰래 뛰어 넘어라.

3. 소중한 것부터 먼저 하라 : 등 고가품을 먼저 털어라.

4. 상호이익을 추구하라 : 같이 털러 온 도둑놈과 이익배분을 철저히 해서 훗날 칼 맞을 일이 없도록 하라.

5. 경청한 다음에 이해시켜라 : "도둑이야!" 소리를 경청한 후, 가지고 온 칼이나 몽둥이로 그들을 이해시켜라.

6. 시너지를 활용하라 : 터는 사람과 망보는 사람 그리고 처분하는 사람 간에 유기적 협력강화에 적극 힘써라.

7. 심신을 단련하라 : 즉각 튈 수 있게 몸과 마음을 단련하라.

비록 도둑이라도 성공을 위해 공부하려는 자세는 여타 도둑에 비해 앞서가는 도둑, 업그레이드된 도둑이란 느낌을 준다.

어린 시절, 내 독서의 시작은 만화였다. 우리집 바로 코앞에는 만화방이 있었다. 주인 아저씨는 만화와 함께 번데기, 라면땅, 오뎅 장사를 겸했다. 요즘 말로 하면 다품종 동시 판매 전략에 해당할 것이다. 고우영, 추동성의 삼국지와 짱구박사 등은 나의 마음과 영혼을 사로잡았다. 이현세, 박봉성 만화는 한층 세련된 필치와 화려한 그림으로 흥미진진한 감동을 주었다.

부산역 광장 좌측 건물 3층에는 한 만화방이 있다. 지방 강의를 끝낸 후, 그곳에서 기차를 기다리며 한두 시간 만화를 보는 맛은 기가 막히다. 생각해 보면 중학교 때부터 독서를 좋아했던 것 같다. 교과서에 나오는 소설들, 피천득의 수필, 황순원의 단편 〈소나기〉는 막 사춘기에 접어든 나의 마음을 사로잡았고, 목장 청년이 주인집 아씨를 밤새 지킨다는 내용의 〈별〉도 오랫동안 마음속에 자리 잡아 나의 우뇌 세포들에게 지대한 영향을 끼쳤다.

20대 초반 세일즈맨 시절은 광적으로 책을 탐했던 시기였다. 실적이 안 오르거나 심신이 지칠 때는 근처 대형서점으로 달려갔다. 박달규의 세일즈 관련서, 김양호, 조동춘의 화술 관련서, 데스먼드 모리스의 인간 관찰에 대한 책들을 읽었고 김홍신, 김성종, 이문열, 조정래, 김주영, 박완서, 김동리, 세계문학에서 마광수까지 주제 불문, 국적 불문, 양서 불문, 장르 불문하고 읽고 또 읽었다. 소설 읽다 지겨우면 유머집, 여행집도 읽었고 신학, 철학, 미학도 마구마구 읽었다.

지금 생각해 보니 양에 집중하여 질을 놓친, 즉 다독은 하였으되 정독을 하지 못한 것이 아쉽긴 하지만 독서는 내 체질에 딱 맞는다. 누가 "당신 취미가 뭐요?"라고 물으면 독서라고 자신 있게 자동적으로 대답했다. 어찌나 책이 좋은지 젊은 시절에는 나중에 꼭 서점을 차리리라 생각했는데 내가 쓴 책 보랴 남이 쓴 책 보랴, 서점에 이틀에 한 번쯤은 꼭 들르니 결국 꿈의 절반은 이룬 셈이다.

유머를 연구하고부터 독서는 더욱 중요한 나의 일과가 되었다. 남을 웃기려면 우선 유머의 원리를 알아야 한다. 유머기법, 유머화술, 성경 속 유머, 역사 속 유머, 세계인의 유머, 위대한 사람들의 유머 일화집도 읽었다. 청중을 사로잡기 위해 국내외 유명 시인들의 작품을 읽었고 상황에 맞게 표현하기 위해 심리학, 정치서적도 꾸준히 읽고 있다.

책을 좋아하다 보니 글도 쓰게 되고 글을 써서 책을 내다 보니 벌써 십여 권의 책을 낸 작가가 되었다. 강의가 없는 날은 정원 파라솔 의자나 흔들의자에 앉아 하루 종일 읽는다. 읽은 책, 안 읽은 책 가릴 것 없이 읽는다. 읽다가 뭔가가 떠오르면 이번에는 노트에 쓴다.

지금도 가끔 제자들과 후배들이 상담을 해온다.

"교수님, 꼭 개그맨으로 성공하고 싶어요."

"부자가 되고 싶은데요."

"선배님, 강사로 성공하는 비결이 뭘까요?"

내 답은 하나다.

"독서를 할 것!"

메모는 최고의 습관이다

아마추어는 귀로 듣고 프로는 펜으로 듣는다.
- 김진배

딸이 엄마에게 말했다.

"엄마, 요즘은 말 뒤에 '삼'을 붙여서 말하는 게 유행이삼. 엄마도 이제부터 말 끝에 '삼' 붙여서 말하삼."

"그래, 알았어~"

"엄마~ 뒤에 '삼' 붙여서 말하삼!"

"응삼~"

이런 말놀이 습관은 그저 심심풀이 시간 때우기 용이다.
그러나 영양가 만점의 특급 습관도 있다.

"당신 취미가 뭡니까?" 하고 누가 물으면 나는 바로 대답한다. 바로 메모하기다.

내 강의를 들어본 청중들은 알겠지만 난 약간(나를 잘 아는 사람들은 약간이 아니라 '대단히' 가 맞다고 한다) 멍청한 스타일이다. 뭔가를 생각하고도 금방 잊어버린다. '내가 누구 만나러 종로에 나온 거지?' 하고 언제 어디서 누구와 왜 만나러 나왔는지 몰라 고민하다 도로 집에 들어간 적도 있다. 아이디어는 시도때도 없이 떠오르고 생각한 일은 꼭 행동해야 하면서 막상 실속은 없는 유형으로, 굳이 비유하자면 나는 돈키호테형 인물이다. 또 머리도 나쁘고 체계적인 사고 역시 약하니 나의 단점을 보완하려면 메모밖에 길이 없다. 아주 오래 전부터 메모를 좋아한 걸 보면 나는 오래 전부터 멍청했던 것 같다.

메모는 나의 취미이자 특기이며 버릇이자 습관이다. 아니 나의 삶의 한 부분이란 말이 더 맞는지도 모른다.

"김 원장님이시죠! 강의 좀 부탁합니다. 인원은…… 장소는…… 강사료는 얼마가 좋을까요? 재미있고 실속 있게 해주세요."

운전할 때 전화가 온다. 내 머리로 기억하기란 어림없는 일이다. 나는 즉시 차를 세우고 곧바로 메모지에 내용을 적어야 한다. 따끈한 온천욕을 즐기다가도 갑자기 아이디어가 떠오르면 적어두어야 한다.

'이번에 쓰는 글 제목은 이게 좋겠군.'

대충 물을 훔치고 카운터에 달려가 볼펜을 빌린다. 메모 후 다시 탕에 들어가 앉아 있으면 다시 제2의 아이디어가 떠오른다. 나중에 메모할까 생각해 보지만 도저히 그때까지 기억하고 있을 자신이 없다. 다시 펜과 메모지를 빌려야만 한다.

나는 책을 읽다가도 생각이 떠오르면 여백에 빼곡히 메모를 한다. 그래서 오만 가지 메모로 가득한 내 책은 도저히 남에게 빌려주기도 물려주기도 팔기도 어렵다. 글을 쓰다가 아이디어가 고갈되면 수년 전 읽었던 책을 하나 꺼내본다. 다시 읽다 보면 여간 재미있는 게 아니다. 몇 년 전 일이 어제일처럼 떠오르기도 한다.

이제, 인터넷을 섭렵해서 얻어낸 메모 정보를 소개한다.

메모의 달인이 되는 6가지 요령

1. 언제 어디서나 메모한다. 차를 타고 있을 때, TV를 보고 있을 때, 식사할 때 등 언제든지 메모하는 습관이 중요하다.

2. 메모는 질보다 양을 중시한다. 처음부터 중요성이나 유용성을 판단하지 않고 최대한 메모를 해둔다. 판단은 나중에 해도 된다.

3. 기억에 의존하지 않는다. 천재가 아니라면 30분 이내에 메모해야 한다.

4. 간결하게 기록한다. 복잡한 내용은 도식화 한다든가, 키워드 Key Word 중심으로 기록한다. 자기만의 독특한 약어나 기호를 사용하는 것도 좋은 방법이다.

5. 5W1H 누가who, 언제when, 어디서where, 무엇을where, 어떻게how, 왜why 원칙으로 정리한다. 고유명사나 숫자를 정확히 메모한다. 고유명사나 숫자가 틀리면 정보자체에 의미가 없다.

6. 잊기 위해 메모하는 것이다. 이것저것 외우려고 하면 다른 일에 집중할 수가 없다.

많은 사람들이 성공을 갈망한다.

어떤 사업을 할까? 아이템이 좋아야 할 텐데, 역시 영어는 마스터해야겠지, 소호사업도 좋을 거야. 이번에 프로젝트 멋지게 성공시켜서 직장에서 상사에게 인정받아야 할 텐데! 어떤 주식에 투자해야 하나?

고민만 하지 말고 메모를 해보라. 성공하는 사람의 내면에는 창조적인 생각이 있고 창조적인 생각의 출발은 메모에서 나온다.

유머로
인생을 살맛 나게 하라

　이런 글을 쓰리라 저런 책을 만들리라 결심하고 펜을 들지만 써 내려가다 보면 아이디어가 생겨 원래 구상한 것과는 전혀 다른 새로운 글이 완성된다. 하지만 글을 쓰려고 결심한 초기부터 지금까지 변함없을 뿐만 아니라 더욱 확신하게 된 점은 이것이다.

　'유머와 웃음은 우리 삶의 여러 가지 부정적 요소를 긍정적으로, 절망적인 부분은 희망적으로 만든다.'

　빙산의 95%는 물에 잠겨 있고 우리 눈에 보이는 부분은 단지 5%에 불과하듯 '보통 사람들은 평생 자신 능력의 5%만을 사용한다'는 말을 우린 오래 전부터 들어왔다. 잠재된 능력을 가로막는 것은 자기 자신이다. 유머라는 지혜 주머니와 웃음이라는 활력 영양소를 통해 우리의 비상飛上을 가로막는 열등감, 매너리즘, 우울

중, 무기력을 날려버리자는 말을 하고 싶었다. 내가 바로 오래 동안 그런 아쉬운 인생을 살아왔기 때문이다.

소중하기만 한 당신의 인생, 동네 축구 시합처럼 이번에 실패해도 다음번에 잘할 수 있다면 모르겠으나 인생은 한 번뿐이기에 실패는 용납되지 않는다. 지금까지의 인생경영을 시범경기라 여기고 이제부터 본게임에 무얼 해야 할지 생각해 보자.

문제가 나에게 있고 해답도 나에게 있다고 믿는다면 당신은 성공에 거의 접근한 셈이다. 유머로 당신을 경영할 때 당신이 더욱 빛나리라는 것을 확신한다.

대한민국 유머 강사 1호 김진배의

살맛 나는 유머

초판 1쇄 발행 2007년 7월 27일
초판 5쇄 발행 2009년 4월 27일

지은이 | 김진배
그린이 | 강일구
펴낸이 | 한 순 이희섭
펴낸곳 | 나무생각
편집 | 정지현 이은주
디자인 | 노은주 임덕란
마케팅 | 나성원 김종문
관리 | 김훈례
출판등록 | 1998년 4월 14일 제13-529호
주소 | 서울특별시 마포구 서교동 475-39 1F
전화 | 02-334-3339, 3308, 3361
팩스 | 02-334-3318
이메일 | tree3339@hanmail.net
홈페이지 | www.namubook.co.kr

ⓒ 김진배, 2007
ISBN 978-89-5937-135-8 03320